去中心化自治组织

——Web 3.0 与元宇宙治理模式

王乾　著

U0832942

中国财经出版传媒集团
中国财政经济出版社

图书在版编目（CIP）数据

去中心化自治组织：Web 3.0 与元宇宙治理模式／王乾著. --北京：中国财政经济出版社，2023.3

ISBN 978-7-5223-1931-5

Ⅰ.①去… Ⅱ.①王… Ⅲ.①信息经济-社会管理 Ⅳ.①F49

中国国家版本馆 CIP 数据核字（2023）第 014932 号

责任编辑：葛　新　　　责任校对：张　凡
封面设计：陈宇琰　　　责任印制：史大鹏

QÜ ZHONGXINHUA ZIZHI ZUZHI
——Web 3.0 YU YUANYUZHOU ZHILI MOSHI

中国财政经济出版社 出版

URL：http：//www. cfeph. cn
E-mail：cfeph@ cfeph. cn

社址：北京市海淀区阜成路甲 28 号　邮政编码：100142
营销中心电话：010-88191522
天猫网店：中国财政经济出版社旗舰店
网址：https：//zgczjjcbs. tmall. com
北京富生印刷厂印刷　各地新华书店经销
成品尺寸：147mm×210mm　32 开　5.875 印张　77 000 字
2023 年 3 月第 1 版　2023 年 3 月北京第 1 次印刷
定价：48.00 元
ISBN 978-7-5223-1931-5
（图书出现印装问题，本社负责调换，电话：010-88190548）
本社质量投诉电话：010-88190744
打击盗版举报热线：010-88191661　QQ：2242791300

序　言

近几年来，随着区块链技术的不断发展，Web 3.0领域的新概念不断涌现。在2020年，DeFi概念首次出现，引起了市场的巨大轰动，让人们意识到区块链技术的潜力和优势。在2021年，元宇宙和NFT也开始受到广泛的关注。最近，随着去中心化自治组织（DAO）的兴起，这个新的概念也吸引了大量的关注。在这些概念的背后都有一个共同的特点，即去中心化的思想。DAO英文全称为Decentralized Autonomous Organization，意为去中心化自治组织。DAO被视为公司制治理模式的延伸和补充，具有非常重要的意义。

在DAO出现之前，人们一直依赖公司制对组织和成员进行治理。公司制的雏形可以追溯到荷兰东印度公司的成立，后来这种协作形式逐渐发展成熟并被世界各国广泛应用，再到现代社会出现了各行业的大型跨国上市公司，公司制历经几百年的发展逐渐走向成熟并形成了现代化的公司治理体系，但同时也遇到了一些瓶颈。

DAO 的出现为人们提供了一种全新的组织方式。DAO 的核心是去中心化，它没有中心节点或分层管理结构，成员之间没有等级关系，可以产生较强的协同效应。同时，DAO 以智能合约为依托，一切都被记载在链上，治理过程高效可信。规则不可篡改，除非成员投票通过，以此保证 DAO 组织的效率和透明度。此外，DAO 通过允许组织中的每个成员对提案进行投票，这也意味着 DAO 不会忽视或排斥成员的意见，而不是将决策权掌握在领导层手中。另外，DAO 是全球性的且新人加入门槛较低，可以帮助更多人参与到组织治理中来。

尽管 DAO 在市场上掀起了阵阵热浪，但目前它还是一个相对较新的概念，且正处于发展前期，也存在一些争议和实际落地的问题。其一，“去中心化”停留在概念阶段，实际落地尚且“任重道远”；其二，DAO依靠成员共识投票来完成治理，由于其全球性及广泛性会导致治理效率较低；其三，DAO容易出现安全问题，易遭受黑客袭击；其四，DAO目前尚不存在法律主体，这意味着法律难以对其进行监管，很容易成为不法分子兴风作浪的工具。

虽然DAO现在还存在一些问题，但不可否认的是，它作为一种新型组织形式，并且具有高效、灵活、透明的特点，让其有望在未来迎来进一步的创新和多元化发展的可能性。

王　乾

2023年2月

目 录

第1章

公司制的萌芽与发展

公司是一种现代企业的经济组织形式，是指由股东投资，依法注册设立，从事生产、贸易或提供服务的一种商业组织，是资本积累时期推动资本进一步发展、社会资源合理流动的制度化产物。公司制具有以下主要特点：第一，公司是法人，具有法人地位，具有与自然人相同的民事行为能力；第二，公司实现了股东最终财产所有权与法人财产权的分离；第三，公司以层级制运行管理。当然，这些特点是随着公司制的发展而慢慢实现的。

古罗马“索西艾塔斯”——公司制的萌芽

在公司制的发展历程中，其萌芽期可以追溯到古罗马时期的“索西艾塔斯”。“索西艾塔斯”类似于现代的民事合伙制度，几个公民依照协议共同经营、共享收益、共担风险，但与现代合伙制不同的是，各成员之间没有代理权限，各自对各自签署的协议负责，不因其他成员签署的协议而负担义务。

在人类历史的发展长河中，最早促进经济发展的两种人类行为是农业和战争。古罗马人正是靠战争发迹，战争不仅使古罗马变得疆域辽阔，也让商人在战争中崛起，但是因战争以及维持辽阔疆土耗资巨大，此时，上述“索西艾塔斯”由于规模较小已经不能满足古罗马人的需求。于是，某些生意规模较大的商人联合起来为政府解决部分财政问题，他们从政府购买了征收税收的权力，承包包括渡槽、寺庙和道路等基础设施建设。到了罗马帝国时期，更出现了类似股份公司的组织。罗马人最先将组织的概念编入法典，使拥有组织的人获得不同于他人的特殊身份。虽然组织的数量极少，活动范围也受到了限制，仅限于履行政府合同，但他们的理念在当时已非常先进。然而，随着罗马帝国的灭亡，这种公司制的萌芽最终也被扼杀在摇篮里。

而后，随着家庭经营业务的扩大使之缺少人手，从而吸引外人来共同经营，出现了中世纪最早的合伙组织“康帕尼”。与“索西艾塔斯”不同的是，“康帕尼”组织中成员需要承担无限连带责任，在后期，合伙人之间还有了相互代理权，使经商活动更加便利。

随着中世纪地中海沿岸诸城市航海贸易的兴起，又出现了“康孟达”的商事组织。资本家想获得利益却不想冒险，航海者向海外运销货物却缺乏资金支持，这两个原因造就了“康孟达”组织。其盈利按出资额分配。亏损时，航海者承担无限责任，资本家只在出资范围内承担有限责任。

在公司的萌芽时期，公司的出现主要是由于需要分担风险，共同经营。这一阶段由于处于发展初期，并没有明确的法律规范约束其发展，因此，公司发展极不稳定、投资期较短、数量和规模有局限。

14—15 世纪时期，文艺复兴下的社会的开放与进步推动着文化艺术的发展也推动着经济的发展，而经济发展又推动了资本关系的发展，为现代商业公司的发展奠定了基础。在这个时期，资本主义的生产关系正在商品经济比较发达的地中海沿岸城市萌芽。

荷兰东印度公司——公司制的成型

16 世纪，葡萄牙、西班牙、荷兰等海上大国一直垄断着通往东方的海上贸易航线，使得英国难以与东方开展海外贸易，英国政府迫切希望通过海外贸易获得巨额利润来增加国家财政收入。英国在 1588 年击败了西班牙的无敌舰队后开始展开和东方的海外贸易。1600 年，英国女王伊丽莎白一世将特许状颁发给英国东印度公司，授予其对印度贸易的特权。英国东印度公司在最初只是临时性的松散组织，后来慢慢发展壮大，是具有股份有限公司性质的新型商业组织，使王权的行使与商人的利益达成了短暂妥协；也是政商结合的产物。虽然这一时期的公司具有浓厚的政府机构色彩，但是这在当时是非常超前并具有前瞻性意义的。

很快，欧洲其他国家纷纷效仿并组建了处理与东方贸易的商业机构，例如，荷兰东印度公司（1602 年）、丹麦东印度公司（1616 年）、葡萄牙东印度公司（1628 年）、法国东印度公司（1664 年）、瑞典东印度公司（1731 年）。这些公司虽以商业为名，但实质上是通过殖民掠夺及垄断性贸易对印度和中国等国家进行侵略。上述的特许贸易公司大多具有临时性的特点，但其中在 1602 年成立的荷兰东印度公司，因为已具备公司的一些基本特征而被视为第一家永久性公司，也被视为股份制公司的起源。它靠募集股金建立，具有法人地位，由董事会领导下的经理人员来经营等。尽管这些特许贸易公司在殖民掠夺及垄断性贸易过程中赚得盆满钵满，但随着工业革命如火如荼地开展，这种特许贸易公司已经不能满足资本主义新兴工业以及资产阶级需要自由竞争、自由贸易和进一步发展的强烈要求。在 18 世纪中期，这些特许贸易公司先后被各国政府解散。尽管如此，在这个时期可以看到公司的雏形。

随着特许贸易公司的解散，公司这一组织形式逐渐成为商业社会的基本组织形态。随着资产阶级革命的胜利，公司作为一种制度先后在法国、英国、德国、美国等西方国家得到确立。1673 年，法国颁布《商事法令》，这是首次以法律的形式规定了普通公司和两合公司；随后，法国国王路易十四在位期间由法律研究和编纂委员会编成了《法国商法典》，该法典规定了商人的法律地位，对合伙公司（普通公司和两合公司）与股份公司等经营方式的原则、法律地位等作了规定。1892 年，德国颁布了世界上第一部《有限责任公司法》。随后，1919 年的法国、1938 年的日本也相继制定了《有限公司法》。

自此之后，公司制在世界各国被广泛采用，放眼今天，已经有很多大型跨国公司在各行各业大放异彩。

公司制在中国的发展

1. 中华人民共和国成立前公司发展历程

我国最早可以查到“公司”两字存在的中文文献是在1684年福建总督王国安上奏康熙皇帝的报告中，上面记载了其在厦门扣押了明郑政权的两艘大船，内载“公司货物”。后来，李鸿章（晚清著名政治家、外交家、洋务运动主要领导人之一）在1872年筹办的轮船招商局被视为中国第一家最早具备公司实质的企业。图1－1和图1－2分别展示了建于1901年位于上海外滩的轮船招商总局大楼和1873年的轮船招商公局股票。

1903年，清政府颁布《钦定大清商律》，共计131条，其是中国历史上第一部公司法，具体规定了公司类别、经营管理方式、股份和股东权利等内容，其将公司分为合资公司、合资有限公司、股份公司、

图 1－1　轮船招商总局大楼

来源：https：//chinadigitaltimes. net/chinese/596587. html

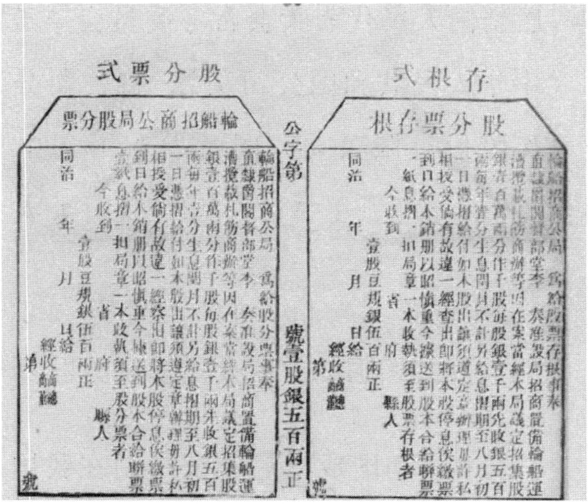

图 1－2　1873 年的轮船招商公局股票

来源：https：//chinadigitaltimes. net/chinese/596587. html

股份有限公司四种。其是中国历史上第一部独立的商事法律，也是首次对公司做出了明确的定义，公司制由此在中国开始发展。在清朝覆灭以后，民国期间、北洋政府、南京国民政府等先后出台了《公司条例》、《公司法》，公司制逐渐在中国落地生根，此阶段基本是以资本主义为代表的公司制度。中华人民共和国成立后，公司的跃迁经历了集体企业、乡镇企业、内部承包、股份有限公司到跨国公司，中国特色社会主义现代企业制度在不断探索中发展前行。1993 年 12 月，第八届全国人民代表大会常务委员会第五次会议通过了《中华人民共和国公司法》，将公司分为有限责任公司和股份有限公司，同时发布了《中华人民共和国合伙企业法》、《中华人民共和国个人独资企业法》。

2. 中华人民共和国成立后公司发展历程

自中华人民共和国成立后，公司制在我国的发展大致分为四个阶段：

第一阶段：在国民经济恢复时期和第一个五年计

划初期，通过没收和改组官僚资本主义工业企业，在钢铁、纺织和其他工业部门建立了一批工业公司。当时，所谓的公司是将生产和技术紧密相连的工厂合并起来，建立一个工业联合公司。

第二阶段：1955年以后，为了合理组织大量小型私营工厂，并将其生产纳入国家计划的轨道，我国开始了全行业公私合作。

第三阶段：1979—1981年，国家按行业归口，用行政办法对企业进行了联合、改组，组建了一批行政性质的公司，以解决“文化大革命”期间公司的发展停滞不前的问题。

第四阶段：1984年10月召开了党的十二届三中全会，确认了社会主义经济是有计划的商品经济，这为公司制企业沿着正确方向健康发展提供了理论指导。

在此阶段后，公司制逐步在我国发展成熟，也形成了公司中所有权和经营权分离的特点。这种两权分离的特点可以使企业资源与经营管理人员达到最优的组合，发挥最大的效益，为所有者带来最大的利润。

在企业的管理与经营中，一般所有者不一定懂经营，而资产只有运作起来才可能增值，这就需要依靠具有丰富的经济知识和营销能力的经营者（总裁/经理等）帮助运营公司，这也就为那些不懂经营却想为自己掌握的资产寻找增值机会的人以及懂经营却没有资产的人提供了一个合作的契机，实现资源、人力的最优化配置。通过由具有有效运营公司所需的各种技能的专业团队管理来确保业务的可持续性，同时也确保了业务的连续性，这有利于资本的最大化。虽然企业内的每个股东都有自己的投资偏好，但管理层的工作是确定最佳投资偏好并有效管理企业资产，以确保所有股东获得最高利润。

3. 我国活跃的公司和合伙制企业类型

目前，在我国活跃的公司和合伙制企业类型主要有（此处仅介绍和 DAO 有相通之处的公司和合伙企业类型）：

（1）有限责任公司。有限责任公司简称为有限公司，通常包含国有独资公司以及其他有限责任公司。国内的有限责任公司一般是指由50个以下的股东出资设立，每个股东以其所认缴的出资额为限对公司承担有限责任，公司法人以其全部资产对公司债务承担全部责任的经济组织。其优点是设立程序比较简单，不必发布公告，也不必公布账目，尤其是公司的资产负债表一般不予公开，公司内部机构设置灵活；其缺点是由于不能公开发行股票，筹集资金范围和规模一般都比较小，难以适应大规模生产经营活动的需要。因此，有限责任公司这种形式一般适合于中小企业。

（2）股份有限公司。股份有限公司是指公司资本为股份所组成的公司，股东以其认购的股份为限对公司承担责任的企业法人，可再细分为上市和非上市两种。我国《公司法》规定，设立股份有限公司应当有2人以上200以下的发起人。由于所有股份公司均须是负担有限责任的有限公司，所以一般合称为“股份有限公司”。公司的资本总额平分为金额相等的股份；公司可以向社会公开发行股票筹资，股票可以依法转让；法律对公司股东人数只有最低限制，无最高人数限制；股东以其所认购股份对公司承担有限责任，公司以其全部资产对公司债务承担责任。

（3）合伙企业。合伙企业主要分为普通合伙企业和有限合伙企业。普通合伙企业均由普通合伙人组成，合伙人对合伙企业债务承担无限连带责任。我国《合伙企业法》对普通合伙人承担责任的形式有特别规定的，从其规定。有限合伙企业由普通合伙人和有限合伙人组成，普通合伙人对合伙企业债务承担无限连带责任，有限合伙人以其认缴的出资额为限对合伙企业债务承担责任。

合伙企业的优势在于：扩大了资金来源，有助于企业扩大规模、生产发展；合伙人共同经营，分散了经营压力，整合了合伙人的资源优势。

合伙企业的劣势在于：普通合伙人对债务承担无限责任，风险较大；合伙人之间缺乏有效的制约机制；协调成本较高，降低了决策效率。

现阶段公司治理遇到的阻碍

当今世界，许多企业都是在公司制的框架下进行各种各样的决策和行动，并且发展成为世界顶级公司，但是这并不代表公司制是完美的，其存在的一些问题已经是公司发展中的阻碍。

1. 准入门槛高

几乎每个人都想成为资本家，但是对于创业者来说，创建公司是有准入门槛的：第一，公司成立之后，后续每年都有烦琐的年检手续和信息上报；第二，《公司法》要求公司提交各种报告。除此之外，经营公司还会遇到许多金融问题和法律问题，这就要求要么经营者本身对这些领域有所了解，要么招聘熟知相关领域的人才，一个涉及知识成本，一个涉及用人成本。

除了创业者之外，普通求职者也面临着工作经历、学历、学校排名等进入公司的门槛。

2. 双重征税

公司作为独立法人，其利润要先缴纳企业所得税；公司的利润分配给股东后，股东还要缴纳个人所得税。这种双重征税的情况大大降低了股东的净利润。股东出资承担着亏损的风险，赚到的钱却很大一部分都不属于自己，这并不符合股东出资时追求利益最大化的心理预期。近年来常有纳税人采取欺骗、隐瞒手段进行虚假纳税申报或者不申报，逃避缴纳税款。当然，这种做法是应该坚决杜绝的，无论何时何地，都需要遵纪守法，不能侵占国家的利益，挑战法律的底线。

3. 代理权问题

尽管传统公司制代理模式带来了诸多好处，但管理层、股东之间由于利益冲突很容易产生代理权问题，其中股东为委托人，管理者为代理人。不可否认的是，股东的终极目标是追求利益最大化，而管理层、员工的底线是不出差错，但个别管理层甚至没有底线、想方设法侵吞股东的利益，占为己有。因此，委托人、代理人之间由于利益冲突会导致存在利用信息不对称、投机取巧、谋取个人利益等问题。虽然可以通过设立监事会、强制纳入独立董事、激励薪酬计划、债券机制等方法协调经理和股东利益来缓解这些问题，但并不能做到完全消除这些问题，而且每一项方案都要付出很大的管理及代理成本。

4. 普通员工缺乏决策权和发言权

由图 1－3 可以看出，传统的公司有清晰的层级结构，而非扁平化治理结构，基本的层级制分为高层管理者、中层管理者和低层管理者（一线管理者）。高层管理者包含总裁、副总裁等；中层管理者包含总经理、区域经理等；低层管理者（一线管理者）包含部门主管、办公室经理、项目负责人等。层级高的人负责做出决策而层级低的人负责执行，但在实际工作中，往往基层人员对市场的了解更多，对市场的变化更敏感。不过，他们不仅没有决策权，而且也没有发言权。

图 1-3　公司制管理层级

来源：https：//www. hierarchystructure. com/company - management - hierarchy/amp/

5. 激励不精确导致员工创造力低下

其实通过观察我们不难发现，建立公正、透明、公平、合理的激励机制的公司往往发展得更好，也能充分发挥员工的积极性和创造性，为企业高质量发展提供强有力的支撑，如阿里、华为等大公司。但是，很多公司的薪酬机制和激励机制并不能做到公平、公正。现阶段公司制常见的薪酬体系为：基本工资 + 年终奖 + 股权，公司还会定期根据员工的工作表现和工作能力来调整，但由于考评和绩效考核不公平、不透明，导致激励不精确，员工可能觉得回报率与自己的付出不成正比，以至于导致个体员工的创造力和驱动力都受到限制。

第2章

Web 3.0、区块链和智能合约

DAO是Web 3.0的基本组织形式，它以在线去中心化社区为载体，聚合、连接各种与Web 3.0相关的资源，并为Web 3.0创业提供支持。我们可以理解Web 3.0为DAO成长的土壤，那么，要想深入了解DAO，就必然要了解Web 3.0是什么，以及它有什么特点。人们口中常说的网络通常指的是Internet（互联网），Web和Internet实际上并不相同：Internet（互联网）是由一系列网络相互连接的通过媒介传播文件和电子邮件的庞大的计算机系统；Web在以前常被称为万维网，是用户在线登录时看到的页面或站点，是数十亿人用来创造、发布和阅读信息以及通过互联网与他人联系的关键工具。随着时间的推移，Web已经有了很大的发展，它的当代用途与刚诞生的时候不可同日而语，其发展路径通常被划分为三个阶段：Web 1.0、Web 2.0和Web 3.0。

Web 1.0、Web 2.0 和 Web 3.0 分别是什么?

Web 1.0、Web 2.0 和 Web 3.0 分别代指 Web 的不同发展阶段。

1. Web 1.0——只读网络

Web 1.0 应用举例：搜狐、网易等门户网站。

我们熟知的万维网，即 Web 1.0 的概念，是由英国皇家学会工艺院院士和计算机科学家蒂姆·伯纳斯·李（Tim Berners－Lee）提出的。Web 1.0 由通过超链接连接到系统的静态网页组成，是缺乏社会参与的只读网络，也缺少我们在当下网络上享受的视觉效果、控件和交互性。Web 1.0 大多数参与者是内容消费者，而创造者基本是网络开发者，他们制作的网站主要是文本或视觉内容。例如，将一本现实世界的字典中的所有内容数字化，让在线的人可以访问、查看，但是却不能对其做出反应，也不能进行互动，这就是

Web 1.0 的应用理解。Web 1.0 的存在使得计算机可以帮助人们更好地查找信息，此阶段网络专供搜索数据的用户使用。

以下是 Web 1.0 的一些特征：

（1）由通过超链接连接到系统的静态页面组成。

（2）具有 HTML 3.2 元素，如框架和表格。

（3）内容来自服务器的文件系统，而不是关系数据库管理系统。

（4）具有 GIF 按钮和图形。

2. Web 2.0——社会网络

Web 2.0 应用举例：TikTok、Twitter、YouTube、微博、微信、抖音等。

移动互联网的爆发、社交网络的兴起、基于 Android 的智能手机和 iPhone 等移动设备的广泛普及共同促进了 Web 2.0 的急剧发展，它是 Web 1.0 的进阶版本。第一，Web 1.0 专注于阅读，被称为“只读网络”，而 Web 2.0 专注于参与和贡献，被称为“交互式读写社交网络”；第二，Web 1.0 是由少数人为更多的受众创造内容，而 Web 2.0 是多数人为不断增加的受众创造更多的内容；第三，Web 2.0 允许用户有更多的控制权，它还包括社交媒体的发展，成为互联网通信的重要类型。

Web 2.0 的形式强调 UGC（用户生成内容）、易用性、交互性以及与其他系统和设备的改进兼容性，完全关乎最终用户的体验，也被认为是当今大多数用户的主要 Web 交互形式。但是，在 Web 2.0 中，你无法控制你的数据或数据的保存方式，因为它们被存储在中心机构控制的服务器中，所有这些数据都由负责这些平台的公司拥有和管理。因此，存在企业在用户不知情或不同意的情况下定期监测和保存用户数据的情况。

以下是 Web 2.0 的一些特征：

（1）提供免费的信息整理，让用户统一检索和分类数据。

（2）响应用户输入的动态内容。

（3）采用 API 应用程序编程接口。

（4）鼓励自我使用和创作播客，社交媒体、社交网络发表评论等互动方式的广泛应用。

（5）不限于特定社区，被整个社会使用。

3. Web 3.0——语义网

Web 3.0 的应用举例：Uniswap、Opensea 等各类去中心化应用程序（dApp）。

尽管目前有 Web 3.0 的一些元素可以应用，例如，NFT（非同质化代币）、区块链、分布式账本和 AR、云等，这些概念也正大行其道，但尚且无法在短期内全面实现它。在试图弄清楚 Web 3.0 的最终含义时，我们需要展望未来，想象一个基于区块链技术的去中心化的生态系统，是建立在以去中心化、开放性和更优秀的用户效用为核心思想的基础上。相比较于 Web 1.0 和 Web 2.0，Web 3.0 的特征是“读—写交互、执行”，最终允许用户在没有中心化介入或管理的理想情况下进行交互、交换信息并安全地进行金融交易。每个用户都成为内容所有者，而不仅仅是内容用户。网站和应用程序将实现通过去中心化账本（DLT）、人工智能（AI）、机器学习（ML）等技术，以人工智能的方式处理信息，赋予了用户控制和支配个人数据的权力，其基础架构虽尚未确定，但其去中心化的性质必然是其设计的关键组成部分。

以下是 Web 3.0 的一些特征：

（1）允许用户通过搜索和分析来创建、共享和连接内容，结合了人工智能（AI）和机器学习（ML）。如果将这些概念与自然语言处理（Natural Language Processing，NLP）相结合，会让计算机变得更加智能，并且能够更灵敏地响应用户需求。

（2）通过物联网（IoT）呈现多个设备和应用程序的连接性，语义元数据使所有可用信息得到有效利用。

（3）为用户提供了公开或私下互动的自由和“无须信任”的数据。

（4）Web 3.0 应用场景包括但不限于：

① 3D 渲染的虚拟世界。

②链游（区块链游戏）：允许用户拥有游戏内资源的实际所有权，遵循 NFT 的原则。

③隐私和数字基础设施：包括零知识证明（Zero - Knowledge proof，证明者能够在不向验证者提供任何有

用的信息的情况下，使验证者相信某个论断是正确的）和更安全的个人信息。

④去中心化金融：区块链支付、点对点数字金融交易、智能合约和加密货币等。

⑤DAO：社区成员共有的在线社区。

Web 1.0、Web 2.0和Web 3.0之间的区别

我们将Web 1.0、Web 2.0和Web 3.0的一些区别展示在表1－1中。

表1－1　Web 1.0、Web 2.0和Web 3.0的区别

	Web 1.0	Web 2.0	Web 3.0
活跃期间	1989—2005年	1999—2012年	2006年至今
特点	只读、静态	强读—写、互动	读—写交互、拥有和执行
存储方式	存储于中心机构控制的服务器中	存储于中心机构控制的服务器中	存储于区块链或分布式账本

续表

	Web 1.0	Web 2.0	Web 3.0
交互方式	用户⟷中心化机构	用户⟷中心化机构⟷用户	用户⟷用户
网络特点	视觉/交互式网络	可编程网络	关联数据网
广告方式	横幅广告	互动广告（互动形式的广告，包括传统媒体中的互动形式的广告、网络广告等）	行为广告（意指找出潜在目标客群的共同行为特征，通过相关网站将广告投放给具有共同行为特征的受众）
专长功能	文件/网络服务器、搜索引擎、电子邮件、P2P 文件共享、内容和企业门户	即时消息、Ajax 和 JavaScript 框架、Adobe Flex	个人智能数据助理、本体、知识库、语义搜索功能

区块链

1991 年，美国密码学家和计算机科学家斯图尔特·哈伯（Stuart Haber）和美国物理学家、科研人员斯科特·斯托内塔（W. Scott Stornetta）联合发表论文《How to time - stamp a digital document》（《如何给数字文档加时间戳》），描述了使用一条由安全加密区块组成的链，以保存历史信息的完整性并保证信息安全。现在，区块链的定义已经日臻成熟，它是指一种共享的、不可变的分类账，可促进业务网络中记录交易和跟踪资产的过程。这里的资产可以是有形的（如房子、汽车、现金、土地等）或无形的（如知识产权、专利、版权、品牌等），几乎任何有价值的东西都可以在区块链网络上进行跟踪和交易，从而降低了风险，并降低了所有相关人员的成本。

区块链可以被看作是一种分散的共享数据库或账本，分布在对等网络中的节点，网络中的每个用户或

“节点”都可以访问账本的副本，社区验证用于保持账本内容的同步。在存储信息的方式上不同于典型的数据库，区块链将数据存储在“块”中，然后通过密码学将这些“块”链接在一起，产生的新数据会被输入到一个新的“块”中。一旦这个“块”中充满了数据，它就会链接到前一个“块”上，这使得数据按时间顺序链接在一起。DAO的所有规则和每笔交易都会记录在区块链上，保证信息公开透明、可溯源。因此，区块链可以被想象成是DAO的基石。

区块链避免了对第三方的验证交易，而通过协商一致来验证交易。迄今为止，其最常见的用途之一是作为交易的分类账，例如，就比特币、以太坊等加密货币而言，区块链以去中心化的方式使用，因此，没有任何个人或团体拥有控制权，这也可以理解成所有用户共同保留控制权。因为分散的区块链是不可变的，输入的数据也是不可逆的，这意味着交易会被永久记录下来并且任何人都可以查看。除此之外，区块链也是一种存储其他类型交易数据的可靠方式，沃尔玛、辉瑞、AIG、西门子、联合利华等公司已经开始利用区块链存储交易数据等。目前区块链主要分为公有链、联盟链、私有链，三者均有各自的应用场景和发展方向，我们所熟悉的 DAO 基本被部署在公有链上，具有去中心化和开源的特征，否则便不是真正意义上的 DAO。

智能合约

在 DAO 中，规则由社区核心团队通过智能合约制定，这些智能合约奠定了 DAO 运行的基础框架。智能合约是一种高度可见的、可验证的和可公开审计的计算机代码，可以内置到区块链中，以促进、验证或协商合同协议，在满足用户同意的条件时，自动执行合同条款。

广义地说，公共区块链上的智能合约经历四个不同的阶段：创建、接收、执行和结果确认。第一阶段，用户使用数字签名创建合同，以保证其真实性；第二阶段，收到智能合约的用户将检查其有效性，并“挖矿”将其包含在一个新区块中，在那里它将被传送到整个区块链；第三阶段，用户将根据其指令执行智能合约，一旦获得结果，用户需要挖掘从而将结果包含在新的“块”中，然后将其传送到整个区块链；第四阶段，收到包含结果的“块”的用户通常通过电子计算智能合约并将结果与接收到的结果进行比较，以验证其正确性，并确定是否接受该结果。

智能合约最重要的特点是它不仅被定义，而且由其底层代码执行。一旦编入智能合同中的合同参数得到满足，合同将自动执行，这也意味着受允诺人在任何情况下都不会面临失去交易的风险。

第3章

什么是DAO？

DAO是一种全新的人类组织协同方式，英文全称为Decentralized Autonomous Organization，翻译即“去中心化自治组织”，是一个围绕一个目标而建立起来的由社区领导的团体，通过在区块链上执行的一套共享规则进行协调和合作，它允许任何成员做出决定，参与治理。DAO运行在区块链上，由于规则已嵌入代码中，因此，其不需要管理人员，当特定条件发生时，会自动执行相应的规则，从而消除了官僚主义或等级制度的影响和障碍，其就像一家没有 CEO、没有实体、没有管辖权的公司，但它仍然可以通过去中心化的通证治理流程运作。

DAO的起源与发展

2006年，美国科幻作家丹尼尔·苏亚雷斯（Daniel Suarez）出版了一本名叫《Daemon》的书，这被大众视为DAO的一种原始文本。在这本书中，苏亚雷斯描绘了一幅宏大的计算机程序的图景，该程序编排了一个地下合作组织，它的基本规则与今天的DAO非常相似：支付赏金；在社区中共享信息；管理叙事货币。

2013年底，去中心化自治组织（DAO）一词出现在俄裔加拿大程序员及作家、以太坊（Ethereum）联合创始人维塔利克·布特林（Vitalik Buterin，V神）创作的《以太坊白皮书》中——这是有史以来第一个准确地对DAO的描述。

随后，另一个标志性事件为2016年由Slock.it发起的The DAO，这是一个早期的去中心化自治组织（DAO），旨在充当为投资者提供指导的风险投资公司。The DAO被誉为一个革命性的项目，在2016年4

月开始众筹，短短 28 天，募资超过 1200 万个以太坊（所占比例接近当时以太坊总量的 15%），当时总价值超过 1.5 亿美元。但是 The DAO 启动后不久就被黑客攻击，当时价值 6000 万美元的以太坊被盗。由于此次被盗事件涉及的资金量太大，没有办法挽救而不了了之。之后，维塔利克提出硬分叉的解决方案，即从某个区块开始以太坊区块链不向前兼容，以恢复被盗的资金，并将以太坊转移到一个恢复地址上，再还给参与众筹的人。此方案在社区中获得了超过 3/4 比例的投票支持，部分不认同这个方案的成员选择仍留在最初的那条以太坊区块链上，并继续开发维护那条链。此后，以太坊区块链分叉成两支：一支是以太坊（Ethereum），其代币为 ETH；另一支是以太坊经典（Ethereum Classic），其代币为 ETC。

不可否认的是，虽然维塔利克提出的硬分叉方案在一定程度上挽救了局面，但 The DAO 遭受黑客攻击事件还是给 DAO 的发展带来了很大的创伤，自此，DAO 进入了一个长期的熊市。直到 2021 年 11 月中旬，宪法 DAO（Constitution DAO）的传播才使 DAO

再次破圈而出，并且飞快地在网络世界蔓延，掀起了新一轮热潮，在第8章中会有详细介绍。

营救阿桑奇行动

来源：https：//rsf. org/en/petition/freeassange – sign – urge – uk – home – secretary – priti – patel – reject – julian – assange% E2% 80% 99s – extradition

另一个破圈而出的是2021年12月中旬成立的阿桑奇DAO（Assange DAO）。阿桑奇是澳大利亚编辑、出版商和活动家，其在2006年创立了维基解密。2010年，由于维基解密多次曝光相当数量的美国机密文件，美国政府对阿桑奇展开刑事调查，并对其发出国际逮捕令。

最初，阿桑奇获得厄瓜多尔政府庇佑近 7 年，之后被关进伦敦的一所监狱。而美国政府一直试图将其引渡回国，2021 年 12 月 10 日，英国高等法院判决允许美国引渡阿桑奇，这使得阿桑奇可能面临在美国获得长达 175 年的监禁。同日，阿桑奇 DAO 成立，其目的是筹集资金为阿桑奇进行法律辩护并恢复他的自由。2022 年 2 月 3 日，该组织开始在加密货币众筹平台 Juicebox 上接受以太坊捐款，最终筹集了约 5200 万美元。

但这个名噪一时的 DAO 最终没能成功，主要原因有：第一，社区成员在机制、资金使用和规则等方面未能达成共识；第二，在参与此次募资的用户中，存在很多投机者，他们以谋利为第一目标，有些人甚至压根儿不知道阿桑奇是谁；第三，阿桑奇涉及的是政治问题，美国在过去十多年中从未放弃对阿桑奇的制裁，即便阿桑奇 DAO 筹集了大量的资金，但只依靠资金去解决政治问题是不切实际的。

2022年3月底Cult DAO出现，紧接着4月中下旬Nation3 DAO诞生，不断有新的出圈的DAO在这个赛道发展、闪耀，同时也伴随着潮起潮落，不断迭代进化，并上演新的故事。

DAO的类型

DAO在发展的过程中不断扩展壮大，尤其是在Web 3.0概念兴起后，在各个领域都可以看到DAO的演绎，或许将来DAO会发展到我们工作和生活的方方面面。我们需要知道的是，根据不同的标准和DAO的不同功能划分，DAO的分类也不尽相同。下文阐述的DAO的常见类型是根据DAO的功能进行分类的，并且不同种类的DAO之间也并非是不可兼容的。例如，如果一个DAO兼有收藏和资助两种功能，则既可以划分为收藏类DAO，也可以划分为资助类DAO。

我们将DAO的常见类型整理为如下八种：

1. 协议类 DAO

在各种 DAO 中，协议类 DAO 是人们最熟悉的也是最受欢迎的 DAO 的类型，专注于去中心化协议的治理。协议类 DAO 采取 DAO 的形式将一些 DeFi 协议的决定权从核心团队转移到社区手中，通过向二级市场发行可替代币，使得 DAO 成员的进入和退出机制更加自由。例如，自动做市商或 AMM DAO 利用智能合约协议提供 DeFi 服务，协议类 DAO 还可以作为治理其他类型的去中心化应用程序的重要资产。

协议类 DAO 举例：

Maker DAO

来源：https：//medium. com/pov – crypto/makerdao – what – doesnt – kill – it – makes – it – stronger – 7902285542ab

Maker DAO 是最早的 DAO 之一，也是以太坊区块链上最早的 DeFi 项目之一。该平台利用智能合约帮助用户以定制的贷款利率和预计可偿还金额借入和借出加密货币。Maker DAO 遵循代币治理模型，MKR 是整个 Maker DAO 体系中的管理型和权益型代币，持有 MKR 可以享有参与投票、发起提案等权利。

除了 MKR 代币以外，Maker DAO 还创建了其算法稳定币 DAI。DAI 由加密资产及真实资产抵押发行，1DAI = 1 美元，并在 Maker 金库（Maker Vaults）中锁定大量的抵押物。如果抵押物价格在短时间内暴跌，低于清算比率，且抵押资产无法支持 DAI 的流通，系统将没收资产并拍卖，以偿还之前借入的 DAI。本质上，DAI 对于用户实际上是一种债务，整个过程就是一种抵押借贷。目前，Maker DAO 不仅支持加密货币的抵押，也支持部分现实资产的抵押。

2. 慈善类 DAO

慈善类 DAO 旨在 Web 3.0 世界中通过围绕共同目标组织起来并帮助推进社会责任，DAO 组织和执行的速度也证明了 Web 3.0 的力量。加密货币的流行与国际间汇款的简便性相结合，使慈善类 DAO 能够以打破纪录的速度产生深远的影响。

慈善类 DAO 示例：

Big Green DAO

来源：https：//dao. biggreen. org/

第一个被建立起来的非营利慈善类 DAO 的发起组织是埃隆·马斯克（Elon Musk）的亲兄弟金巴尔·马斯克（Kimbal Musk）创建的非营利组织 Big Green。其主要目的是赞助高校的园艺教育与健康食品种植，教会人们如何种植粮食以改善营养安全、心理健康和气候影响。

Ukraine DAO

来源：https：//fadmagazine. com/2022/02/28/pussy – riots – nadya – tolokonnikova – launches – ukrainedao – to – raise – funds – for – ukrainians/

Ukraine DAO也属于慈善类DAO，由Pleasr DAO、Trippy Labs和Pussy Riot（俄罗斯朋克乐队，曾因反对普京而获刑）成员推出，使用ENS域名ukrainedao. eth，在不到一周的时间内筹集了价值超过300万美元的以太坊向乌克兰士兵捐款，并支持乌克兰非政府组织“活着回来”。

3. 收藏类DAO

收藏类DAO也被称为NFT DAO，主要目标之一是筹集资金以便社区可以拥有蓝筹 NFT 和其他数字收藏品的所有权，其中每个成员拥有与其个人投资相对应的份额。收藏类 DAO 的成员主要通过将资金汇集到 DAO 的金库，用来铸造和收集有价值的、稀有的 NFT。通过集体协作，收藏类 DAO 可以购买和拥有那些对于个人购买来说过于昂贵或有风险的 NFT。虽然不是每个收藏类 DAO 都一定会得到回报，但它让投资者可以在不冒大量个人资本风险的情况下获得昂贵的 NFT。

收藏类 DAO 示例：

Flamingo DAO

来源：https：//daorayaki. medium. com/daorayaki – reserach – flamingodao – the – first – dao – incubated – and – formulated – by – the – lao – community – 1a67e8b177aa

Flamingo DAO随着NFT的爆炸式增长而兴起，该平台的成员从XCopy、Pak和Hackatao等数字艺术家那里收集了高价值的NFT，并收集了CryptoPunk #2890。

4. 投资类DAO

投资类DAO为天使投资人和风险资本家提供了一个平台，用来汇集资金赞助Web 3.0和DeFi项目。这种方式为这些投资者提供了一个低准入门槛和低风险的投资选择，通过投资优质的Web 3.0初创公司、协议、链外投资，从而获取丰厚的回报。

投资类DAO示例：

Krause House DAO

来源：https：//medium.com/krause - house - dao/krause - hause - 6689d8cd3f39

Krause House DAO 由投资者和篮球狂热者组成，其成立的目的是购买一支 NBA 球队。Krause House DAO 成员将参与影响国家篮球协会球队运营程序的决策，包括一般管理、票务、商品销售和合作伙伴关系等。

MetaCartel Ventures DAO

来源：https：//twitter. com/venture_dao？ lang = zh - Hant

另一个著名的投资类 DAO 是 MetaCartel Ventures（MCV），它本质上是 MetaCartel DAO 的营利性子 DAO，用于投资早期的去中心化应用程序，为去中心化早期投资提供了较低的准入门槛。

5. 资助类 DAO

资助类 DAO 旨在促进非营利组织捐赠，在整个

Web 3.0 生态系统中战略性地部署资产，并且是大型项目的慈善扩展或DeFi领域中完全独立的实体。资助类DAO从社区获得资本后，通过制定标准来奖励贡献者，构成DAO的基础资助模式，主要用于社区捐赠资金并使用DAO投票决定如何部署他们的金库，以及如何分配给各种贡献者和开发人员。

资助类DAO示例：

Aave Grants DAO

来源：https：//aavegrants. org/

Aave Grants DAO是一个社区驱动的计划，旨在通过资助来推动Aave协议开发的项目，专注于支持更全面的社区开发人员网络。Aave Grants每季度会分配一定数量的资金给一些申请人，符合条件的拨款申请包括：Aave开发、集成、开发人员工具等内容。

MetaCartel

来源：https：//medium. com/metacartel

MetaCartel 是作为独立实体的资助类 DAO 的一个示例，它为项目创建财务资金并为早期去中心化应用程序提供运营支持。

6. 操作类 DAO

操作类 DAO 为社区不同的模板、框架和工具整合资源，以创建它们的 DAO。它们通过提供创建和启动 DAO 的模板，为技术新手简化了 DAO 的创建过程。如 Arecon、DAO Stack 都是操作类 DAO，后文会有详细介绍，在此不赘述。

7. 社交类DAO

社交类DAO也称为创造者DAO，专注于DAO的自我组织社区方面，将志同道合的人（如建设者、艺术家和创造者）聚集在一起。虽然社交类DAO以社区为重点，但通常它们有进入的门槛，如拥有特定数量的通证，拥有NFT，或被亲自邀请。

8. 媒体类DAO

媒体类DAO通过治理模型来整合发行方、作者和读者，将内容的控制权交给了所有者和消费者。与根据核心议程制作内容或受广告商影响的自上而下方法不同，媒体类DAO通过创建由社区驱动的内容来重塑传统媒体平台，保障版权与新闻的传播，改变现代社会媒体的叙述。

媒体类DAO示例：

Bankless DAO

来源：https：//www. panvala. com/members/banklessdao

Bankless DAO 是一个去中心化社区，由大卫·霍夫曼（David Hoffman）和瑞恩·肖恩·亚当斯（Ryan Sean Adams）于 2021 年成立，旨在让人们通过教育、媒体和文化发现去中心化金融技术，推动采用真正的无银行货币系统，其前身为成立于 2019 年的一个媒体平台。目前，他们的媒体公司 Bankless LLC 继续作为自己的媒体节点与 Bankless DAO 同时运营，虽然 Bankless 同时在“中心化世界”与“去中心化世界”均采取动作，但是 Bankless DAO 坚持 Web 3.0 并且遵循真正的去中心化精神。

Decrypt

来源：https：//www. adweek. com/media/crypto - publisher - decrypt - launches - token - cryptocurrency - for - nfts/

Decrypt 是另一个媒体类 DAO 的示例，它允许用户通过投票决定他们想要看到的内容类型。

第 4 章

创建或加入 DAO

在 Web 2.0 发展初期，嗅到商机的人少之又少，并且经过大浪淘沙，当初致力于 Web 2.0 发展业务中的很多人已经成为在当今时代有一定话语权的人。元宇宙有可能在未来几十年内成长为一个价值数万亿美元的市场，成为世界经济不可忽视的组成部分。而作为元宇宙和 Web 3.0 中的组织形式，DAO 的发展潜力也是无限的，创建 DAO 就相当于开启了新时代的逐梦之旅，因 DAO 的去中心化特质而有望实现比以往更高层面的公平和自由。

为什么要创建DAO?

第一，公开透明，组织的规则、协议、条款、交易记录等都能在区块链上查询。对于加密项目，DAO有一些天然的、显著的优势，其中最重要的是对智能合约的依赖，在操作与管理上实现了去中心化的治理与运营，所有记录公开透明且不可篡改，能使全世界的组织成员在程序的约束下参与到组织中来。

第二，DAO是组织社区的有效方式，参与者拥有对组织的所有权、自由开放，用户可以随时加入、随时离开。尽管社区成员间可能并不认识，但代码可以迅速凝聚和强化共识，而且正因为大家有了共同的共识，DAO的决定权在全体成员身上，而不是掌握在某个人手里。除了参与构建项目所获得的报酬，参与者也能够共享组织发展带来的经济利益，而这种利益上的统一能够进一步强化组织共识。

第三，DAO因其在组织人员方面的功能而成为一种沟通成本更低、运营成本更低的选择。DAO 能够让组织相对透明和扁平地运转，同时在这种低成本的运营下有望创造更优质的产品。

DAO 需要什么？

一个成功的 DAO 至少应包括但不限于以下五点：

1. DAO 需要一个共同的目标

众所周知，DAO 是一种组织，我们可以通过这个组织推进项目或筹集资金，而推进项目或让筹集资金顺利进行的前提是社区成员达成共识，有共同的目标。比如，注重于基金公益的 Gitcoin DAO、Free Ross DAO，等等。

2. DAO 需要一个投票机制

良性的投票决策机制有助于配合 DAO 实现公平的贡献衡量。奖励机制以及稳健的治理可扩展性是 DAO

的治理核心之一。对于投票机制，更长远来看，DAO可以创建自己的投票机制；如果为了能更简便或更方便地接受服务，也可以使用第三方提供的平台。在项目进展后期，投票机制也可以按照DAO的后期需求更改。

目前常见的投票机制主要有以下几种：

（1）流动民主（Vote Delegation/Liquid Democracy）。流动民主投票机制共享政治民主的核心原则。在这种情况下，DAO委派专家参与投票并有权代表DAO成员做出决定。成员们将投票权委托给他们选择的值得信赖的人。这种形式的DAO投票机制的好处是，很可能会以DAO的最佳利益为出发点做出更好、更明智的决定。然而，在这种投票机制下，可能存在贿赂和腐败，影响投票的公正性，并且违背了DAO去中心化的特质。

（2）基于通证的法定人数投票（Token - based Quorum Voting）。基于通证的法定人数投票机制是DAO中用于决策的最基本机制。它需要达到预定的一定比例选民投票支持提案才能通过。

基于通证的法定人数投票机制流程对选民来说简单明了，但是弊端较多。首先，它难以避免“巨鲸”在 DAO 占主导地位甚至可以贿赂他人以获得对特定提案的支持；其次，尽管对权力下放的讨论热度居高不下，但成员对参与投票的热情可能并不高，而基于通证的法定人数投票机制往往需要比其他机制更高程度的社区参与。除此之外，这种机制更容易陷入政治化竞选运动的漩涡。

（3）全息共识（Holographic Consensus）。全息共识投票机制旨在解决去中心化组织中的治理扩展性问题，筛选出最有可能在 DAO 中通过的提案，并将注意力集中在这些提案上，其由 DAO Stack 提出，适用于规模较大、成员人数较多的 DAO。随着 DAO 规模的扩大，让每个人都为每一个提案投票显然是不现实的。通过全息共识机制下的注意力通证——GEN，可以实现让参与投票的小群体成员准确表达多数成员意愿。使用 GEN 不能投票，但可以押注在自己认为会成功的提案上，如果押注的提案通过，你将获得更多的 GEN，反之则减少。不过，尽管全息共识投票机制允许小群体DAO成员帮助展示多数人的意愿，但是，该种方法难以保证真正筛选出了最重要的提案。通过使用DAO Stack将预测市场和DAO治理相结合的有益实践框架，DX DAO、Nec DAO和Prime DAO已经开始实践这种全息共识投票机制。

（4）二次方投票（Quadrac Voting）。二次方投票由维塔利克·布特林提出，允许单个投票主体为一项提案的同一选项重复投票。与此同时，为了避免“巨鲸”垄断话语权，为同一选项进行重复投票的边际成本呈现递减趋势，这意味着第n+1次投票的成本要高于n次投票的成本。例如，如果1次投票需要1个代币，则2次投票需要4个代币，3次投票需要9个代币。这使成员们能够展示他们对提案的坚定信念，尤其是对他们非常热衷的决策。

在投票过程中使用假身份可能会导致不公平的结果，因此，身份证明被视为是二次方投票的关键必要条件，只有通过严格的身份证明机制才能保证其公正。

（5）怒退机制（Rage Quitting）。Rage Quitting直接翻译是“愤怒退出”，不满意即可退出，这种机制来源于 Moloch。怒退机制可以帮助防止具有决策权的小群体损害其他所有者的利益。

这种投票机制的主要优势在于：它解决了多数选民相对于少数选民获得绝对优势的风险。然而，这种投票机制因为投票过程较长。例如，在投票通过之后和执行投票结果之前有缓冲期，所以对于很多 DAO 来说并不适用。

（6）信念投票（Conviction Voting）。Aragon 提出了一种基于投票者信念的动态投票机制——信念投票（信念即“投票效用”），现已被 1HIVE 社区用于资金分配的社区决策。信念投票通过允许参与者随时进行投票而改进了传统明确截止日期的投票程序，并且无须在每个提案上达成集体共识，旨在精准综合地代表个人对提案的偏好和表达，而不仅仅提供一个准时的“投票”窗口。早期信念投票展示了社区中多个成员的提案的聚合信念的增长和衰减。图 4－1 所示为成员如何在 5 个提交的提案之间分配其偏好的草图。

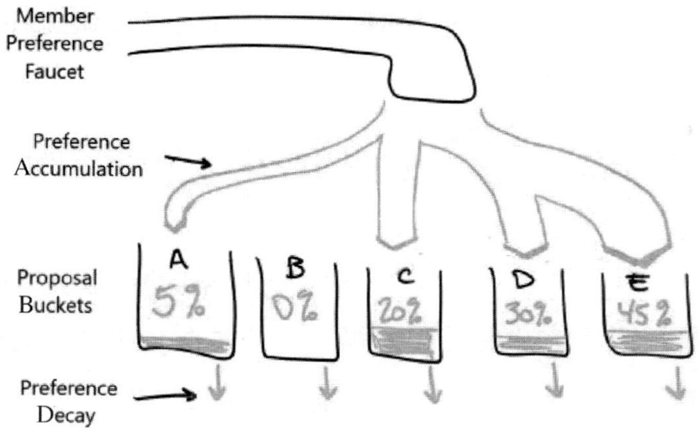

图 4－1　成员如何在 5 个提交的提案之间分配其偏好的草图

在图 4－1 中，信念投票模型中添加了时间函数，投票效用不止与所投票数有关，也会随时间推移而逐渐增长，通过使用衰减曲线来定义信念的增加和减少：用户提议持有偏好的时间越长，其信念就越能填满图 4－1 中的“桶”。信念会根据衰减曲线增长，而时间的推移直到一定限度以前会给予这种偏好更多的权重。如果用户决定将其票号切换到一个新的“桶”，其信念会根据衰减曲线从之前的提案中流失，就好像每个“桶”的底部都有一个小洞漏出先前进入的水一样。

信念投票机制能够有效避免在传统时限性投票机

制中存在的一些问题。时限性投票机制难以避免存在买通票权（通过买通选民指使其进行投票）、财阀统治（从选民手中大量购买治理通证，以此掌握治理权限）、女巫攻击（将大量治理通证分摊到多个账户中进行投票，以此带来不对等的影响力优势）等问题，还存在在最后时刻票数大幅波动的风险。因为信念投票模型中的时间函数，使得从前买通票权的“买”的概念更贴近于“租”的概念，并且购买者在持有购买的大量治理通证期间要承担这笔资金的机会成本，以及市场性风险等风险。简单来讲，就是因为占用的时间更长而提高了实施成本；然而通过使用衰减曲线能消除大量通证持有者在最后一刻影响投票或跑票的情况，确保了长期存在的少数派意见得到应有的重视，也减少了投票后期财富流入对已建立的社区带来的波动。

（7）多签投票（Multisig Voting）。多签投票机制指的是有资格的持有私钥的DAO成员签署要进行的交易或要通过的提案，这种方式被视为可以在中心化组织决策机制与去中心化组织决策机制之间取得平衡。

预先确定的规则规定了拥有私钥的成员以及批准交易所需的最少的密钥持有人数量。例如，在一个 DAO 组织中，可以事先规定一项交易或提案需要达到持有私钥的多签成员数量的 2/3 同意方可执行该交易或者通过该提案。

因为多签投票机制投票流程较为简单且迅速，因此，多签投票机制更适合在紧急情况下使用，特别是涉及安全漏洞、错误或系统急需的更新。然而，多签投票机制需要做一些额外的措施来防止密钥持有者串通舞弊或违背社区共识及利益的行为。

（8）加权投票与声誉投票（Weighted Voting & Reputation - based Voting）。除了治理功能外，因为 DAO 中的通证具备价值流通的功能，所以通证还具备了一定的金融属性，这就意味着它可能出现在金融领域，并容易受到攻击者通过金融市场的一系列交易或操作对 DAO 发起治理攻击。通过对持有通证的时长（指币龄）、用户的锁仓时长（相关应用如 Polkadot）等进行加权可以有效避免这一问题。

声誉投票是通过通证的财务价值和治理权力之间

的相互作用，将对彼此的影响分开的一种加权方案，使通证的金融化变得更加困难（并不能完全消除），从而降低受到治理攻击的风险。换句话说，在声誉投票中，拥有投票权的是“声誉”，而非通证。“声誉”是一种不可转让和流通的积分，用户可以通过持有或锁仓或对 DAO 做出贡献来获得；当用户做出违背 DAO 共同利益的行为时，他持有的声誉积分就有可能会被扣除。

3. DAO 需要一个治理通证系统

DAO 还需要一个治理 Token（通证）系统。创建者在了解自己需要通过 DAO 要达成的目标以及自己创建的 DAO 类型之后，需要了解并确定 DAO 的通证的分配。DAO 的通证不仅关系到 DAO 生态的治理，也具有一定的实用性。例如，空投及奖励，对 DAO 方向的投票，等等。越早确定并实施通证决策，将越能帮助 DAO 有效地筹款，并增加社区成员的活跃度，使成员积极参与到社区成长路径中来。

德国社会学家齐美尔在《货币哲学》中写道：

“荣誉与信用、智慧与价值、美丽与灵魂救赎都可以交换成金钱”。这印证了很多本来不和金钱挂钩的事物或要素，如身份、声誉、愿景等依照“万事万物皆可商品化、货币化”的现代性逻辑，变得可量化、可计算。其实，因为身份、声誉等在现实生活中和金钱联系紧密，更贴近我们的生活，所以很好理解。类比来看，在DAO中，基于区块链底层共识基础，依靠通证将组织代币化。通证之于DAO就像股票之于公司，只不过通证是比传统公司制股票更有力的组织媒介。在表4-1中，我们整理并展示了通证的功能、属性与作用。

表4-1　　通证的功能、属性与作用

功能	属性	作用
货币	货币属性	用来支付、交易
收益	经济属性	分配利润、通胀收益
杠杆	经济属性	奖励使用行为
Gas费	货币属性	手续费
权利	工具属性	具备所有权、投票权、访问权等
价值交换	经济属性	创造经济

作为数字权益的证明，通证是数字经济中流通的价值权益。它在不同的功能方面发挥的作用不同，属性也不同。

（1）货币属性：货币、手续费等。毋庸置疑的是，通证是具有货币属性的。例如，比特币和以太坊等类似的主流货币在具有使用场景的情况下在系统内充当货币的角色，具备货币的支付属性。并且从某种程度上来讲，通证和传统金融结算方式相比是一种更高效的支付方式和交易引擎。

Gas费（手续费）是以太坊首创的概念，你可以把它理解成“过路费”，用于测量在以太坊区块链上执行特定操作所需的成本。简单来说，Gas费相当于手续费，或者给矿工的辛苦费。通证也可以发挥支付结算的功能支付Gas费。

（2）工具属性：投票权和所有权。DAO通过以法定货币换取其通证来筹集资本，其通证代表各成员的投票权和所有权比例，拥有通证就等于拥有了投票权。

（3）经济属性：价值交换、价格发现和收益。DAO组织的通证在二级市场的买卖双方之间可以进行价值交换，为买方提供供给，为卖方提供赚取差价的机会。另外，由于通证高速流转和交易，每一个通证的价格都将在市场上流转的过程中获得迅速的确定，使得通证的价格不断趋于其真正价值。除此之外，在收益功能方面，通证可以自动产生收益（例如，通过锁定头寸可以获得利息收益）。

借助基于区块链的模式可以实现增值的公平再分配。

4. DAO需要一个社区

社区是DAO运营的背后驱动力。建立社区可以说是DAO需要的几个因素中最难的一步。随着越来越多的人加入并参与DAO的治理，权力会分散到更多的利益相关者身上。

首先，要确定你想创建的DAO的规模大小，这主要取决于创建DAO的目的，需要越多人越好还是只需要一小部分人就可以把目标完成得很好。而且，也不是越多的成员参与对DAO越有利。大卫·弗洛伊德（David Freuden）认为越大规模的DAO越容易具备选民冷漠性，他引用了英国人类学家邓巴提出的“邓巴定律”，认为人们总共只能维持大约 150 种关系，并指出：DAO 越大，个人行使投票权的影响力就越小，因为一旦个人成为大群体中的一小部分，他们对其投票权的看法就会减弱，甚至无关紧要。这一想法可以通过“邓巴定律”和“林格曼效应”得到印证，因为随着群体规模的扩大，群体成员变得更加懒惰、疏离，且易被剥夺权利。这一点也在现实中有了应用，尽管某种程度上并不是 DAO 主动限制了成员人数，但由于美国证券交易委员会（SEC）的规定，著名的 Flamingo DAO 最多只能有 100 名投资者。

其次，通信对于 DAO 的成功至关重要。利用 Discord 和 Telegram 等平台可以把那些志同道合的人带到同一个空间展开讨论。常用的社区工具包括 Discord、Telegram、Collab Land 等。我们以 Discord 为例，为大家介绍一下基本使用方法。

Discord 是通过语音、视频和文本进行对话的最简单方式，用户可以加入或创建各种社区的服务器——成立读书俱乐部、舞蹈班、学习小组、交谈、聊天、闲逛，并与朋友和社区保持密切联系，它也是目前参与到 Web 3.0 和 DAO 组织讨论中的重要途径之一。

Discord 服务器由文字通道和语音通道组成。

文字通道是用于通过文本交谈的独立空间，可以为小组成员喜欢讨论的所有话题创建单独的频道。

语音频道是可以通过语音和视频闲逛的地方，只需单击语音频道即可进入。语音聊天只需要简单的两步：加入语音并开始说话。如果需要调整语音设置，可以单击齿轮图标打开用户设置，在用户设置中，前往语音和视频设置可以调整音频输入、输入灵敏度等；可以通过在页面上右键单击其他人的头像或在移动设备上点击他们的名字来调整语音频道中其他人的音量。

视频聊天也只需要两步：加入语音频道并分享视频。单击视频（Video）按钮，视频将被添加到语音频道。如果你想离开该频道，只需再次单击它即可。如果需要更改输入设备，可以单击齿轮图标打开用户设置，在用户设置中，前往语音和视频设置以更新视频输入设备。

Discord 的其他一些功能在此不多做介绍。总之，它是一个非常好的、能帮助你参与到各种 DAO 组织中并和成员们进行交流的软件。

5. DAO 需要一种管理其资金的方法

由于 DAO 目前属于新兴领域，因此，在管理国库方面几乎没有指导方针。但当一些 DAO 获取资金或取得众筹后持有数百万美元甚至数十亿美元的资金时，会引发一些问题：是否有集中的会计团队对 DAO 资金和账目进行管理？资金是否被花费在正确的事情上？因此，管理其资金的方法非常重要，它可以很大限度地确保资金得到适当使用。

（1）DAO 应如何处理财务管理。与任何事情一样，管理不善可能导致 DAO 运营失败。有效的财务管理至关重要，这是确保 DAO 长期发展的最佳方式，也是确保与公司使命和价值观相一致的最佳方式。

在投资战略上采取防御措施。如果财政投资策略过于激进，过度投资于最新的模因币（Memecoin）或山寨币（Altcoin），那么当熊市袭来，金库将不堪一击。此外，防御性还包括考虑风险，尤其是防范黑客入侵和货币风险。在多元化方面，要遵循“鸡蛋不要放在同一个篮子里”的原则，将一定比例的国库资金投资在波动较小的稳定币中。当资金以DAO通证持有时，资金的波动性可能会影响DAO继续运营的能力。尽管目前很多DAO都将其大部分资金保留在通证中，但是毋庸置疑，这是冒着高风险的：如果你只在你的投资组合中持有你的通证，并且出于某种原因（管理、营销、竞争、熊市等）它的价值下降了，那么整个国库的价值就会缩水。

（2）将资金转化为稳定币的四种方法如下：

①场外交易（Over The Counter，OTC）。场外交易允许直接交换通证，并且无须通过二级市场。这个过程可以直接在DAO及其社区之间实现，通证也可以直接出售给机构投资者。这种方法允许DAO遵守其授权时间表，对通证价格的影响最小。

②市场销售（Market Selling）。市场销售的最理想状态是以最佳价格出售通证。尽管这种方法执行速度很快，但它可能会向利益相关者发出负面信号，尤其是当通证被大量出售时，这进一步可能会导致通证价

格下跌。

有条件订单策略（Conditional Order Strategies）是“市场销售”的高级版本，这种方式允许依靠基于条件的订单来选择合适的时间出售通证。

③去中心化金融衍生品（DeFi – Financial Derivatives）。创建抵押债务头寸，使用 DeFi 协议，如 UMA 的范围代币、Visor 或利用创收协议等是将资金转化为稳定币的方法。

④授权 DAO 内的财务专家。授权 DAO 内的财务专家有助于提高管理效率。DAO 中所有的财政决策都必须在社区范围内进行提议和讨论。虽然 DAO 具有民主特性，但如果所有事情都需要进行社区内投票（特别是在财政管理方面），则进程会很缓慢。因此，可以利用投票机制在有资金管理专业知识或对市场动态感兴趣的成员中根据对 DAO 的贡献度选出一个委员会，该委员会负责授权财政资金的支出和预算的制定。

（3）高度透明的报告。财务报告对于建立社区信任和增加参与度都至关重要。DAO 资金管理是所有 DAO 成员的集体责任，不需要落在任何一个人的肩上。定期向社区发布月度或季度报告可以使贡献者感受到深度的参与感，从而可以帮助赢得社区成员的信任。重大事件（通证销售、并购等）应在投票前对成员进行充分解释和沟通。

如何创建 DAO?

上述已经介绍了很多关于 DAO 的内容，接下来，让我们来了解一下如何创建 DAO。Aragon 和 Snapshot 是目前创建 DAO 时被用到最多的两个工具。

1. Aragon

Aragon 是以太坊区块链上的一个可以让任何人创建和管理任意组织（公司、合作社、开源项目、非政府组织 NGO、基金会、对冲基金等）的去中心化应用程序，简单来说，它就像 DAO 工厂，通过 Aragon 可以很轻松地创建 DAO。

官网：https：//aragon. org

按照以下步骤使用 Aragon 创建 DAO：

（1）为你的 DAO 取好名字，登录你的 Web 3.0 钱包（如 Metamask 等），选择你的账户地址和你要使用的网络，并转到 Aragon 网站单击“Create your DAO（创建你的 DAO）”。如图 4－2 和图 4－3 所示。

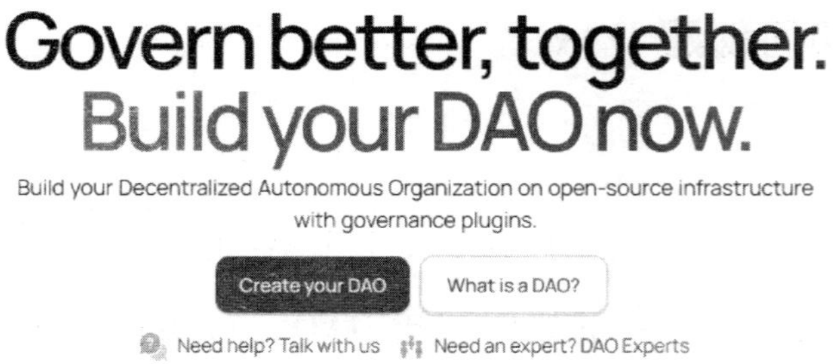

图 4－2　Aragon 网站截图“Create your DAO（创建你的 DAO）”

（2）检查钱包账户是否已连接，如果没有，请单击“connect account”。选择想要的网络，连接钱包，然后单击“创建 DAO”。需要注意的是，在以太坊网络上创建 DAO 需要 0.2ETH 或更多，具体取决于网络流量，请确保钱包中有大于创建 DAO 所需 ETH 的数值。

图 4－3

（3）选择一个 DAO 模板和一个 Ethereum 域名服务（ENS）作为 DAO 的名称。在此，模板是为不同类型的组织预先配置的智能合约。可以使用 Aragon 附带的模板或创建你自己的模板。

（4）配置模板，审核并启动 DAO，支付交易费用。

如果有其他疑问，可以自行访问 Aragon 官网的常见问题答疑页面查看更多信息。

2. Snapshot

Snapshot 是由 Balancer 团队推出的一种可定制的

链下投票机制，也是当下最受欢迎的 DAO 投票平台。它通过钱包使用数字签名，根据通证所有者的快照进行投票。Snapshot 基于区块链的透明和可追踪性，在特定的区块高度，记录该链上所有钱包的通证持有记录。

官网：https：//snapshot. org

简单来讲，Snapshot 主要拥有提案和投票两项功能。对项目方和项目社区来说，他们可以利用 Snapshot 发起提案，从而极大地简化社区治理的流程，提升社区的热情和参与度；社区治理也离不开投票，最简单的投票方式就是大家将治理通证转移到某一个地方来进行投票（就像我们将选票塞进信箱一样），这也可以通过 Snapchat 完成。Snapshot 可以截取某一区块高度的、某代币的全网持币数据（或是 NFT、POAP 等），根据这些数据可以给各个社区成员分配投票权。投票权的分配可以基于各种规则，最简单的就是持有通证的数量，复杂一些的可以设置阶梯规则，以及引入持有通证的时间，甚至是基于交易记录等来进行权力分配。权力分配好后，参与投票的用户无须进行任何的链上操作，只需要在网页连接钱包，选择要投票的选项，完成数字签名并提交。相对于像在以太坊主网上投票会产生 Gas 费，投资者在 Snapchat 上投票来参与社区治理无须花费任何 Gas 费，大大降低了社区治理的成本，这要归功于巧妙地使用了称为 IPFS（分布式文件系统协议，可以理解为一种支持分布式存储的网站）的分散式存储网络。

除了用于提案和投票功能外，Snapshot 还有一些其他用途，例如，分发空投，黑客袭击后对用户进行赔偿等。

要在 Snapshot 上创建投票系统，需要：

（1）拥有一个 ENS 域名。无论项目在哪个区块链上运行，都必须在以太坊主网上。

（2）将 Snapshot 链接到上面的 ENS 域。

（3）自定义空间设置，如管理员、投票权策略、条款等。

（4）验证空间，包括拥有至少 1000 名成员和相关项目的所有权证明。创建者可以在 Snapshot 的文档中找到完整说明。

研究 DAO 生态特点

1. 成员资格

传统公司制聚集了有着共同目标的人，通过注册为法人实体筹集业务需要的资金，成员之间彼此有一定的了解，在最初进入公司时需要经过笔试和面试等一系列程序。而 DAO 拥有去中心化的治理框架，成员不必互相认识，社区通过智能合约治理，只要就协议达成一致，即可成为 DAO 成员。现在 DAO 仍处于发展早期阶段，大多数 DAO 的加入过程非常简单，通常归结为拥有其通证，即可成为“贡献者”。更深层次地，如果你想成为“核心贡献者”、“建筑者”等，则需要按照 DAO 的需求付出相应的工作。

2. 组织结构

传统的组织结构是分层级的，有负责监督和实施所有运营的 CEO 等高层领导着一个涵盖整个组织的指挥链。相比之下，DAO 因为具有去中心化的领导结构，治理框架更加民主，无须人工干预即可工作。除非得到该组织的多数成员批准，否则没有人拥有绝对的领导权，每个成员在组织中都具有平等的权利。

3. 做决定

传统组织的决策通常取决于其结构和章程。DAO 基于区块链“Code is law”的原则，理论上几乎完全基于代码工作而不依赖人工干预。如果一个或某些成员想要做出更改，则需要成员们投票决定，由 DAO 程序处理计票和公告。

4. 运营和交易

尽管现在多数公司实现了电子化、智能化，但传统公司制的运营和交易仍然需要一定程度的人工处理，这可能导致财务和账目遭到操纵或数据被篡改，为运营和交易设置了一定的障碍，使成员之间难以建立完全的信任。由于 DAO 是完全自主的，因此，组织的运营和交易不再需要人工处理，所有交易记录被记录在区块链上。不过这也并不意味着 DAO 没有任何缺点，因为其代码毕竟是由人制定的，这就把信任问题从信任代码转向信任人身上。

5. 透明度

除公开的文件和信息外，传统公司制中不同公司透明度不尽相同。对于 DAO 来说，由于其代码是完全开源的，每一笔交易都在区块链上记录和维护，使得 DAO 透明度更高，任何成员都可以随时查看协议和 DAO 的活动。但是，并不是所有的活动信息都适合被 100% 公开，例如，宪法 DAO（Constitution DAO）第一次竞拍 13 份美国《宪法》副本之一失败的原因就是 DAO 信息的公开透明，导致对手轻易知道了 DAO 的“底牌”。

6. 自动化

DAO 的整个生态系统都运行在代码和算法上，人为错误和舞弊操纵的空间更小。如果成员需要更新智能合约及代码，成员可以投票做出决定。

第 5 章

DAO 的潜在应用行业

《堡垒之夜》（Fortnite）开发商 Epic Games 的首席执行官蒂姆·斯威尼（Tim Sweeney）表示，“未来三年对于 Epic、Roblox、Microsoft、Meta 等有志于元宇宙的公司来说，是至关重要的。这是一场争夺 10 亿用户的竞赛。谁首先吸引了 10 亿用户，谁就会成为制定标准的行业领导者。”在 Web 3.0 时代，元宇宙中的用户大多数集中在 DAO 中。可以说谁掌握了 DAO 中至关重要的流量，谁就真正掌握了元宇宙的密码。

在网络和社交软件出现以前，人们只能面对面或通过打电话、写信或发传真等方式交流。Web 2.0 的出现使志同道合的人比从前更容易交流，而且不受地理位置的限制，这也极大程度上提高了公司中各部门、各层级的沟通效率，推进了公司的发展，降低了整个社会的人力成本、资源成本、时间成本、交易成本。而在当下，Web 3.0 概念的爆发，以及数字经济和去中心化金融的出现催生了一种新型的社交网络。人普遍是具有趋利性的，DAO 组织的形式允许让拥有共同目标和共同利益的人可以随时随地围绕资本进行交流。Web 2.0 和公司制的发展利好了很多行业，如外卖、电子商务、跨境电商及物流行业、影视音频、人才招聘、网络教育、交易支付、社交媒体、网络游戏等。这些行业的发展又带动了上下游相关产业的深化，创造了很多新的工作岗位，带动了经济的发展。那么在 Web 3.0 出现以后，DAO 组织的出现会利好哪些行业呢？

DAO 在房地产行业的应用

元宇宙是虚实结合的未来乌托邦，虽然目前仍处在发展早期，但已经有一些平台开始着力建设元宇宙，并开发了数字世界，在那里可以购买土地来建造自己想要的数字空间，也就是前段时间火爆 Web 3.0 世界的虚拟土地。在元宇宙中，通过数字孪生技术，可建造一个模拟真实世界运行规律的虚拟世界，本质上是把现实世界的能量与物质转化成信息。现实世界中，我们的身体需要一个栖身之所，所以各国各地炒地炒房等现象屡见不鲜，现在这股风也吹到了元宇宙。

房地产 DAO 不仅可以应用在现实世界中，也可以应用在虚拟土地中。

提起虚拟土地，目前最火热的平台是 Decentraland 和 The Sandbox，在这两个平台中，虚拟土地是依托 NFT 的形式存在于元宇宙中的。

（1）Decentraland。Decentraland 是基于以太坊区

块链上建立的并由以太坊区块链提供动力的去中心化虚拟现实平台，允许用户创建和运行任何物品与资产并将其货币化，用户对虚拟资产拥有完整的所有权和自治权。在 Decentraland 中，空间内有限的、能跨越穿梭的3D 虚拟空间被称为“土地”（LAND），是在以太坊智能合约中维护的不可替代的数字资产。这些土地块永久归社区成员所有，并使用 Decentraland 的加密货币 MANA 购买，交易历史记录在区块链上。用户可以完全控制他们创建的环境和应用程序，可以是静态的3D 场景，也可以是更具交互性的应用程序或游戏。

购买土地后，用户可以在土地上发布内容，该内容被编码为智能合约。此内容可包括任何讯息，如场景、图像、游戏、应用程序等。用户还可以购买物品或艺术品用来建设及装饰土地。和现实世界类似，虚拟土地可以为人们提供一些活动场所，而不受时间和空间的限制。例如，Decentraland 提供聚会场所。用户可以选择自己喜欢的会议地点，比如，在美丽的度假村或豪宅举行虚拟会议，或者1:1 打造一个虚拟世界中的度假胜地马尔代夫，甚至是面积更大的加州。对于大公司而言，在 Decentraland 购买土地并将其开发为虚拟办公室可能是一种具有吸引力的选择；通过 Decentraland 平台也可以举办虚拟会议，Decentraland 平台提供了举办会议必须的工具和功能。

（2）The Sandbox。The Sandbox 是一个去中心化的元宇宙游戏，基于以太坊区块链技术开发，玩家可以在区块链上构建并真正拥有自己的游戏资产，并且可以通过边玩边赚来获取游戏代币 SAND。

在 The Sandbox 中，SAND 不仅是其代币，也是允许玩家参与游戏并购买土地的通行证。虚拟土地是 The Sandbox 中的一块数字不动产，在玩家购买土地后，允许其在上面创建游戏，并且多块土地可以合并成一块更大的土地。

值得一提的是，在 The Sandbox 中有大量品牌、机构和个人入驻，例如，奢侈品巨头古驰（Gucci）宣布在 The Sandbox 中推出元宇宙中心 Gucci Vault Land；四大国际会计师事务所之一的普华永道（PwC）也进军元宇宙，在 The Sandbox 中购买不动产；中国香港房地产巨头新世界发展集团行政总裁郑志刚也宣布以约500 万美元投资购买 The Sandbox 中最大的数字地块之一，打造创新中心；美国知名说唱歌手狗哥（Snoop Dogg）将 rap 唱到了元宇宙，要在自己的虚拟土地上开元宇宙演唱会……这些例子都充分体现了虚拟土地的应用场景及其发展潜力。

1. 为什么虚拟世界需要房地产 DAO?

简单来说，虚拟世界的房地产 DAO 让普通玩家有资格参与。虚拟土地房地产 DAO 的创建是为了将权力下放给 DAO 中的用户，参与捐赠的用户都可以拥有投票权和治理权，参与决定虚拟土地的后续发展方向。

虚拟土地已经在元宇宙中兴起，上面提到的 Decentraland 和 The Sandbox 中的虚拟土地价格却高于普通人可以承受的限度，照此趋势发展下去，对元宇宙和虚拟土地感兴趣的普通人因为无法承受高昂的价格会对元宇宙中的房地产望而却步，并且会错失参与 Web 3.0 中投资房地产的机会。而他们买不起的这些土地却在富人之间击鼓传花，价格越来越高，最终使普通人触不可及。

在这种情况下，建立虚拟土地的房地产 DAO 可以有效解决这一难题。众人拾柴火焰高，可以通过 DAO 集资捐款，把众人的资金和力量汇聚起来，购买大家想要的虚拟土地，并组织建设者们一起来建设，将来由此土地衍生的收益按捐款比例归每个捐赠者所有。DAO 参与者可以根据平台创建规则及策略，通过投票来确定虚拟土地之效用的各个方面——面积和地理位置的选择、装饰物品买卖、建设内容审核等。他们还可以投票决定 DAO 中成员共同拥有的土地是否需要进行二次出卖。甚至，如果一个 DAO 拥有的土地足够多而形成规模效应，他们还可以制定土地政策、拍卖机制。

City DAO 是第一个合作购买土地的 DAO，它的使命是建立一个链上、社区管理的未来加密城市（后文会有详细介绍）。他们认为诸如许可证、预算、法律、契约和记录之类的东西是透明、高效的。成员大多使用赏金或通过区块链合约自动支付的任务来为 DAO 的使命做出贡献。

2. 虚拟土地价值由什么决定?

我们需要明确的是，以上所提到的 Decentraland 和 The Sandbox，或是目前其他出售虚拟土地的元宇宙游戏，它们之间的土地是互不联通的。或许在未来，通过技术可以实现不同平台之间土地的联通，以及用户可以在不同的平台之间“穿梭”，但以目前的情况来看，土地的价值走向和所依附的平台有很大的关系。如果平台发展滞缓，土地价值难以突破；而如果平台发展迅猛，基础设施完备，可以达到像电影《头号玩家》中的体验感，土地价格很可能一飞冲天，因为到那个时候，已经不仅是靠土地吸金了，土地附赠的附加价值将使它本身“一地千金”。

首先，众所周知，稀缺性能够赋予一件物品价值。但为什么可以被无限创造的虚拟土地会具有稀缺性呢?和现实世界一样，地理位置的稀缺性使每一块土地都是独一无二的，进而影响虚拟土地的价格。地理位置很大程度上决定了土地的价值，如果土地更靠近中心或地标建筑，能获得更多的天然流量，这会间接影响土地的价值。拥有更多的用户流量，土地所有者也能够更轻松地通过二次出售、出租、广告、提供业务或服务或制作游戏等从而获利。

其次，与现实世界中的房地产遵循相同的原理，面积大小也影响土地的价值。土地的形状和面积大小决定了土地的用途。形状规整方正的土地便于规划和设计，这一点就像现实生活中人们更倾向于购买户型方正的住宅一样。一般来讲，过大或过小的土地都会限制土地的使用，但在虚拟世界中，土地是按照 1 ×1 的比例售卖，所以依照上文逻辑，连在一起的 3 ×3 大小的土地价值会高于 1 ×1 大小的土地价值，同理 6 × 6 大小的土地价值会高于 3 ×3 大小的土地价值。这一点也造成了投资者喜欢购买连在一起的土地。如果你抢到的土地位于其他人抢到的相连土地之间，那么恭喜你，大概率你可以以高于市场价格将土地卖出，因为投资者为了使自己的土地价值因增大面积而增值就不得不从你这个“钉子户”手中购买土地。

最后，土地的价值会随人口的涌入和商业密度的增加而增加。在虚拟世界中，土地是一切创作和创新的价值载体，就如现实生活中的所有建筑都是依存于土地而建，有限的、优质的土地资源和未来潜在的庞大用户群体代表供给需求曲线的移动再平衡。实际上，土地资源总价值不仅包括经济价值，还包括生态价值、社会价值和文化价值等。

除此之外，内容的影响力也不可小觑。别具一格的建筑和优质的内容不仅可以吸引用户，也可以广泛地传播文化价值。在现实生活中，名胜古迹或是设计前卫的建筑也会吸引人们前来打卡，这一情况在虚拟世界也不例外。增长的人群流量会带动土地的增值，同时也会带动周边的经济发展，并将为其所建立的土地及其周边土地带来更高的估值。

总结来看，越是具有地理位置优势和优质内容等特征的土地将具有更大的潜力和爆发力，从而能实现价值增长，而且其所在的虚拟世界越繁荣，土地的需求便会越大。

3. 虚拟土地如何盈利?

和现实世界一样，虚拟世界也有自己的商业模式。

目前还处于元宇宙发展的早期，虚拟世界的商业模式仿照现实世界建立。就现阶段来说，虚拟土地盈利的方式不外乎以下几点：

（1）二级市场买卖。目前来讲，Decentraland 和 The Sandbox 等平台中的土地几乎都是定量的，这也和开发商想打造的土地稀缺性有关。用户购买虚拟土地可以直接进行投资建造，后续通过转卖等方式取得收益，也可以直接在二级市场取得买卖差价。

（2）出租赚取收益。出租虚拟土地并收取租金，允许承租人对土地按自身需求进行建设改造等是虚拟土地的另一种获取收益方式。众所周知，DAO 最大的特点是去中心化，这相当于一场新的革命，“工人阶级”急需解决工作后得不到与工作量相对等的报酬问题。而在 DAO 中不存在领导，每个人都可以根据工作量（需要满足质量要求）拿到相应的报酬。

4. 现实世界中的房地产 DAO 应用

现实世界中的房地产 DAO 通常可以通过发行和出售通证以筹集资金，通证持有者也获得了一些投票权。

这些通过出售通证筹集的资金填补了 DAO 金库，并用于 DAO 未来的发展。

房地产以类似于房地产投资信托结构的方式收购和标记化。拥有房地产的法律实体可以发行证券通证，并将其直接出售给投资者。持有的通证份额代表基础实物资产的权利和所有权份额。

元宇宙中的律所 DAO

元宇宙相关主要技术涉及：网络与算力技术（包括空间定位算法、虚拟场景拟合、实时网络传输、GPU 服务器、边缘计算）；人工智能技术；电子游戏技术；显示技术（VR、AR、MR，尤其是 XR）等。这些新技术不断迭代升级，衍生的各类创业企业、知识产权保护、商业行为等都是法律从业者可以去了解、涉猎和深入服务的范畴。随着专业化的逐步细化，各种专业的法律服务需求使得法律从业者，尤其是律师需要在元宇宙行业深耕。那么，有组织、有纪律地在元宇宙中成立律所 DAO 就成了重中之重，律所 DAO 可以把有志于探索元宇宙中的法律圣地的法律从业者们集合起来，尽早在元宇宙中抢占一席之地，重构律所竞争新格局。

元宇宙中的律所可以为许多行业提供服务：

1. 数据安全和信息保护

元宇宙中的律所和法律人可以帮助保护数据安全和相关信息。仅以我国法律为例，Web 2.0 的迅猛发展催生了《网络安全法》、《数据安全法》、《个人信息保护法》等。尽管相关法律法规在不断完善，但许多不法分子仍然利用互联网相关法律的灰色地带兴风作浪，网络安全问题仍然急需重视，尤其是在数据安全和信息保护方面。在 Web 3.0 时代，元宇宙是一个需要大量数据才能有效运行的虚拟空间。用户需要导入或生成大量个人信息和数据，包括个人基本资料、个人身份信息、网络身份信息、个人健康和生理信息、财产信息、通信信息、教育信息等。在当前的网络环境下，这些数据信息在管理等方面仍存在诸多不足，到达元宇宙层面必然会出现新的问题，这就需要法律从业者在元宇宙中提供相关服务以最大程度上保证新技术不被“作恶”。

2. 虚拟财产、NFT与智能合约

元宇宙中的律所和法律人可以帮助处理虚拟财产（包括NFT）方面的纠纷。虚拟财产是指狭义的数字化、非物化的财产形式。它包括网络游戏、电子邮件等一系列信息类产品，也包括长时间虚拟生活中形成的人物形象、游戏装备、游戏道具、网络游戏货币等。NFT指的是一种架构在区块链技术上的，不可复制、篡改、分割的加密数字权益证明。它们都具备在一定条件下可以转化成现实中的财产的特点，这也就使得它们容易成为虚拟财产的交易、洗钱等问题的“温床”，未来发展成熟的时候还会面临交税的问题，这也就必然导致这个领域对法律从业者的大量需求。

3. 知识产权等权利保护

法律从业者在元宇宙中任重道远，律所DAO任务艰巨，因需求等多因素存在，发展前景向好。在元宇宙中，无论是在 Web 2.0 向 Web 3.0 过渡期间，还是在 Web 3.0 时代完全到来以后，都需要法律从业者在虚拟世界提供与知识产权相关的专业法律咨询服务。知识产权指的是权利人对其所创作的智力劳动成果所享有的专有权利，其由每个政府设立的国家知识产权部门负责登记注册，我国由国家知识产权局负责。申请人可以是自然人、营利法人、非营利法人、特殊法人等。和现实世界相似，元宇宙中也会存在侵犯现实的著作权、改编权、肖像权等纠纷，这也始终会是法律从业者要去关注的方面。除此之外，法律从业者还可以帮助企业客户进行 Web 3.0 的布局来适应全新的市场变革，包括海外公司架构的搭建、股权设计、股权激励、资质证照申请等。

DAO：电影业的出路

Web 3.0 的应用场景包括 3D 渲染的虚拟世界，这一点我们在前文已有介绍，而电影业也恰恰是3D场景生长的土壤。3D电影可以准确地“还原”现实世界并“展现”虚拟世界，给人一种真实感和亲近感，仿佛身临其境，极具在Web 3.0时代、在元宇宙中发展的潜力。但是，由于电影业由某些拥有电影制片厂和发行机构的大公司把持和控制，局外人只能空怀梦想，有才华的电影人多数被埋没。通过建立电影业DAO，有望解决一些积怨已久的问题，并且这个行业的开放也势必会带来更多佳作，充实人们的精神生活。

1. 防止资本蚕食利润

我们可以通过以下途径，在一定限度上防止资本以及大型电影公司和媒体公司蚕食利润：

（1）通过电影业DAO筹集资金，开放接收不同的提案，电影题材涉及不同主题，用户们投票选取感兴趣的题材，通过投票决定哪个概念将进入下一个电影制作阶段。

（2）对于资金紧张或短缺的电影制作团队，电影业DAO可以使用区块链技术将资金（以抵押贷款等方式）发放给他们。

（3）DAO 智能合约可以确定将利润的一定百分比回馈给电影团队，以奖励他们的辛勤工作，剩余的利润将在所有通证持有者中分配。

（4）为电影项目捐款的人持有的 DAO 通证可能会因为电影的火爆而反过来为 DAO 赋能，进一步推动通证价值上升。

（5）通证持有者都希望以某种方式支持该项目取得成功，可能是通过支持电影票房、在社交媒体或平台上提供关于电影的建设性反馈，或者通过影响群众观看电影，他们将间接担任电影的主理人，进一步影响通证价值。

2. 促进电影产业的民主化

创建电影业 DAO 还可以促进电影产业的民主化：

（1）创建大众希望看到的内容，而不是他们想向我们展示的内容，艺术的门槛和边界都应该被放开。

（2）所有的艺术家和支持人员都可以赚取更多的收入，因为中介将被移除。

（3）其中所有金融交易的透明度都可以通过区块链实现，避免娱乐圈常常存在的偷税、漏税、阴阳合同等问题。

（4）拥有天赋和才华的人将有机会参与电影制作，被埋没的几率变小。

DAO：医疗和医学生的福音

科技的进步使得医疗的发展日新月异，元宇宙和医疗的组合或许是一个能真正造福人类的新兴应用领域。多数医疗行业从业者一直在尽力节省资金，为人们带来更容易获得医疗保健和更健康的生活方式，但传统医疗系统总是难免和“高昂成本”、“麻烦”、“不适”等词语挂钩，传统医疗业务结构中存在不公平现象也几乎是公开的秘密，医疗行业的高利润率提醒人们，在传统的医疗保健领域，权力掌握在少数人手中。现如今，医疗 DAO 成为创新的举措，为元宇宙定义了新蓝图。VR 技术、远程医疗等技术的发展昭示着元宇宙已经到来。

医疗DAO利用VR技术提供新的治疗方案。例如，波士顿医学中心的研究发现，佩戴VR头显的手术患者需要更少的麻醉剂。研究表明，普通患者平均每小时需要750.6毫克镇静剂，而观看轻松VR内容（如冥想、自然场景和视频）的患者每小时只需要125.3毫克镇静剂，并且恢复速度也更快。科学家声称VR会分散患者对疼痛的注意力。另外，医疗DAO可以引进VR技术用于医疗模拟实践及教育培训。康涅狄格大学的医学博士奥尔加·索洛维约娃（Olga Solovyova）表示，医生戴上VR头显就可以在一个虚拟手术室里看到自己的虚拟化身和虚拟病人、仪器等。医生可以用控制器操纵仪器，当他们钻骨头时会感觉到阻力，当他们完全切开头骨时会感觉到压力下降，医生通过VR还可以剥离皮肤和肌肉的虚拟层，查看下面的骨骼。不仅如此，VR的培训模块会提供有关学生完成程序和跟踪进度的反馈。

除此之外，远程医疗的前景也十分向好。亚马逊健康服务高级副总裁尼尔·林德塞（Neil Lindsay）表示，依赖传统医疗途径需要预约、等待数周甚至数月才能就诊，就诊后的开药和治疗环节也十分让人头疼，而远程医疗恰好可以解决这个让患者们头痛的问题。

医疗 DAO 为医疗行业展示了一条不同的路径，带来了颠覆性的改变，可以帮助患者更方便地就诊，带给他们更好的治疗结果并且节约费用，这种创新会全面提升医疗保健的普及性和患者的自主权。人们对医疗方式改革已经展现出浓厚的兴趣，在未来，虚拟远程医疗和个性化医疗保健服务会慢慢成为常态。

DAO 中的远程教育

近几年，世界各地的学校开始尝试使用远程学习工具，这更加促进了在线教育的蓬勃发展，但同时也面临数据壁垒、信息安全、信任危机、虚假广告、教学内容参差不齐、个人隐私泄露等问题。由于 DAO 不受任何外部的个人、机构、政府甚至国界的影响，或将被寄予厚望解决在线教育存在的弊端。当区块链技术和教育领域产生碰撞，教育DAO有望引领、帮助、拓展学生个人的学习空间，并帮助学校创建各种资源、培训和运营指南，协助管理者进行更高效的教学管理，使教育工作者、学生和家长更容易过渡到远程教育模式。

第一，教育DAO帮助快速查找策略、资源和技术，以快速创建在线课堂，帮助学生、教师和教职员工找到互动和学习的新方式，获取更丰富的课程资源。

第二，具有去中心化、透明化等特点，让学习者可以根据自己的真实需求选择线上课程，不仅不受制于平台或机构的影响，也不受任何外部的个人、机构、政府甚至国界的影响。

第三，区块链本身的透明化、数据不可篡改等特征，让在线教育机构的虚假信息无处遁逃，并且保护学生个人隐私安全与相关权益。

第四，对于教学管理者而言，基于区块链技术的DAO教学管理系统也可以打造教学管理助手，提高学校管理效率。

第五，提升普通人的受教育权，使世界各地的人们更容易获得在线教育，无论他们的地理位置或收入如何，教育的支出、设计和获得机会完全透明，申请人无须花费大量资金申请名牌大学。

目前，国外的一些学校和教育机构已经开始尝试用区块链技术打造 DAO 教学管理模式。例如，由教育初创公司 k20 Educators 孵化的 Ed3 DAO 授权全球教育工作者大规模催化创新，为教育工作者提供改变教育运作方式所需的工具、技能和资源。目前，在国内尚未成立教育 DAO，一部分原因可能是由于 DAO 在中国仍然是一个相对较新的概念，但是在未来，它有望帮助解决中国教育领域的许多痛点。例如，可以利用区块链的去中心化优势，以分布式方式将教育资源存储在不同的区块中，通过节点传播和共享资源，解决教育资源分布不均的问题，让家长不再执着于学区房。此外，它将重点关注个人学习大数据的建立、学位证书系统的开发、开放教育资源新生态的构建和在线学习社区的建立，推动教育民主化，消除不公平教育，并为全球的学生汇集资源。

DAO 在农业元宇宙中的“深耕”

DAO 的概念一经推出就打入了金融市场，随后是数据管理、软件开发等领域。其实，在农业方面 DAO 也有广阔的发展前景。

第一，DAO 可以帮助提高生产效率。虽然农业技术一直在进行改革，但大多数农民由于各种各样的原因还在使用传统手段和过时的技术，导致在农业生产过程中缺乏信息、技术和自动化，本来可用的资源未得到充分利用。农业 DAO 的建立可以帮助整合信息，操作大规模种植，按订单生产，进行本地分销等。

第二，DAO 在管理流程中利用区块链技术进行防伪和追溯。食品质量及其营养价值是当今社会关注的主要问题之一，目前主要由物联网技术来控制。只是很少有人关注诸如漫长而复杂的供应链的细节，这会导致信息匮乏、不当存储和价格虚高、整体管理效率低下等问题。农业 DAO 对于农作物和加工物从源头开始在区块链上进行标记，为食品安全生态系统的发展提供可靠性保障。

除此之外，农业缺乏具有包容性的金融机构，而农业 DAO 的设立可以帮助引入更全面的金融支持。在大多数情况下，人们依靠当地金融机构来满足他们的业务需求。但这些地方组织的控制力一般较强，因此存在很高的进入壁垒。并且，访问运营数据和信用级别比较困难，剥夺了农业生产者和销售者应得的财务支持。农业 DAO 可使整个过程可信度变高，因为数字身份、数字数据和数字凭证被上传到区块链网络上，并且一旦上传，信息就不可以被更改。通过区块链技术提供的金融解决方案将银行信用转化为商业信任，用于采购、生产、库存管理，同时提供更多的相关投资。同时，去中心化和标准化方面允许资产随时进行分割、转移和交易，保持资产的高流动性。

总的来说，农业 DAO 是形成一个由社区成员拥有、管理和使用的 DAO，其商业模式是创造一种流通机制，让成员和消费者从生产到流通再到交易环节都从中受益。

在DAO中协作办公

DAO可以帮助打造人类办公协作新形态。作为去中心化组织形态，DAO以极低的进入壁垒更易实现全球化，让人们能够大规模合作并实现目标。它打破了传统的组织运作模式，也为人们提供了一种超越传统界限的思维方式。即使他们从未见过面，彼此也不认识对方，只要达成共识，他们也能为实现共同目标而努力。

第一，DAO简化了创建组织的流程。传统公司制需要寻找合适的合作伙伴，协商股权、设立愿景目标、确定治理结构、组织结构、激励机制和利益分配规则。这一过程中的任何流程出现问题都会影响企业的经营效率。DAO组织不是基于流程的协作，而是基于事务和任务的协作，并以完成结果为任务的导向。DAO的参与者只需要凭借自己的能力来完成任务，就能获得智能合约中规定的奖励。这就使得工作流程变得相对

“简单化”，减少了不必要的沟通，提高了沟通对接的效率。

第二，传统公司制以公司层级为主要依据分发收益，管理者薪资较高，底层员工付出了更多的劳动，但薪资往往较少。而DAO遵循按劳分配的原则，能激发工作者发挥最大潜能，同时也为组织创造价值，实现共赢。

DAO对艺术行业的助力

艺术疗愈人们的心灵，是DAO在非技术领域最好的试验场。艺术DAO将结合区块链技术中两个最重要的特征：NFT和去中心化的治理，帮助寻求解决剥夺权利、阶级冲突等问题。

第一，在艺术DAO的帮助下，艺术家能够更好地控制市场，更有可能从他们的作品中受益。利益是第一驱动力，在这种情况下，艺术市场的发展是呈指数级的。艺术DAO给了很多艺人新的机会，尤其是那些没有强大背景和名气的艺人，很多艺术家通过这种新兴模式实现了工作和生活的自由。加密艺术领域的所有项目都在努力推进这个新领域，并试图吸纳新的艺术家和收藏家。每个参与者都在努力提升现有艺术品的价值，努力提升艺术品、品牌、平台和发行的代币的价值。

第二，艺术 DAO 开发加密艺术新领域和帮助艺术品确权。提到加密艺术则不得不提 NFT，NFT 也是一种艺术作品的加密表现形式，具有不可分割、不可替代、独一无二等特点。NFT 的关键创新之处在于：其提供了一种标记原生数字资产所有权（即存在于数字世界，或发源于数字世界的资产）的方法，这种天然的属性使它能够帮助艺术作品确权。

第三，艺术 DAO 可以帮助艺术家筹集资金。传统艺术行业大多数人或团队很难获得资金，而且往往缺乏资源，经常会给人们留下大多数艺术家都是穷困潦倒的印象。他们寄希望于使用有限的资源来实现目标，然而现实中却有很多限制因素。艺术 DAO 可以为那些有才华却没有资源的艺术家提供筹集资金、策展资源等。

第四，真与假是当代艺术的热门话题，DAO 可以资助研究和创作一个版权注册中心，这意味着创作艺术品的艺术家可以充分保证所售艺术品的真实性，并为所有人提供开放的验证服务。

第五，艺术 DAO 可以帮助开展虚拟画廊。艺术家可以将他们的代币化艺术作品出租、出售、出借给实体和数字画廊以收取费用。

目前，加密艺术正在蓬勃发展，未来，这一趋势仍会持续增长。艺术 DAO 将以更开放和透明的治理方式有望使平台、收藏家甚至艺术家等多个参与者受益。

第 6 章

公司制与 DAO 的比较

当下的时代是前所未有的时代，我们不仅面临萧条动荡的市场，而且还面临在局部地区战争影响下不断变化的世界秩序，以及工作环境逐步走向技术驱动的巨大飞跃。在这样的背景下，DAO 作为新型组织形式，可以为简化业务提供机会，为新的工作方式提供适应空间。

DAO 和公司制的对比

我们总结了 DAO 和传统公司制的一些特点，如表 6－1 所示。

表 6－1　　DAO 和公司制的对比

	DAO	公司制
遵循规则	DAO 的规则由社区制定，以编码的形式不可更改地被部署到区块链中。	公司制在其章程中设定规则，在监管机构备案并存储。权力部门制定规则文件，人力执行。
组织结构	人人皆可参与治理与决策，成员注重合作，是一种动态的开放的成员角色的设定。	分层管理，有严格的层级制。公司的成员角色是基于分工协作模式，根据职位和岗位设定的。
权利归属	所有权和经营权相结合，治理权和收益权由组织全体成员共享。	所有权和经营权相分离，治理权向上集中，收益权归属权东。

续表

	DAO	公司制
组建流程	DAO 由拥有共同目标或使命的成员组成，可以通过以下三个步骤以 DAO 的形式开展新业务： ①创建智能合约：开发人员将负责制定智能合约。一旦他们启动了 DAO，他们只能通过他们的治理系统来改变既定规则。这意味着他们需要使用测试网测试智能合约中的代码，以避免忽略关键细节。 ②通过不同轮次的筹资筹集资金：筹资阶段决定了 DAO 如何实施治理和接收资金。通常出售通证筹集资金来运行 DAO。 ③部署：开发人员或他们各自的团队在不同的投资	世界各地的法律规定和组建公司的流程不尽相同，但组建传统公司通常需要提交文件并且通过审核。中国大陆地区公司注册流程如下： ①提供投资者的身份证复印件，说明公司注册资本金额和所有投资者的投资金额，确定好公司名称。 ②就近选择银行办理注资手续。 ③携带身份证到工商部门签字验证。 ④办理完所有证件后，选择就近银行办理基本账户和纳税账户。 ⑤其他手续。 以上仅为中国大陆地区

续表

	DAO	公司制
组建流程	轮次中以不同的通证/代币价格接触投资者并与他们签订合同，承诺一旦最终部署 DAO 就向他们发送通证。作为回报，这些通证赋予潜在投资者投票权等权利。最后，部署阶段发生在一切都已成功设置时，DAO 将被上传到区块链上。	公司注册流程，后续还需要办理一些其他手续，每年需要上报缴税，等等。
透明度	决策透明且可审计。	决策是在保密的情况下由管理层做出。
资金运转	加密通证交易，效率更高。	利用传统银行账户进行业务往来和资金周转。
外部控制	DAO 是去中心化的，在没有中央银行或政府控制组织的情况下，组织成员可以决定组织的运作方式。 在 DAO 相关法律出台之前，暂时不需要政府和其	如果存在公司名称不规范，公司注册地不真实等情况，不能得到政府和其他监管机构的许可，公司不能被注册和成立。 除此之外，一些公司，如

续表

	DAO	公司制
外部控制	他监管机构的许可来创建该组织。	上市股份有限公司、从事金融、证券、期货的公司等，还需要经过第三方审计公司的审计。
内部控制	由投票、审查、执行、争议、仲裁等这样一整套的民主集体治理的机制控制。通过智能合约来保证，一些关键的信任的部分以及不确定的规则通过链下执行和治理来共同保证组织的正常运转。	由企业董事会、监事会、经理层和全体员工实施，通过组织结构控制、授权批准控制、会计系统控制、预算控制、财产保全控制、人员素质控制、风险控制、内部报告控制、电子信息系统控制等，来保证组织的正常运转。
筹集资金方式	DAO 通过鼓励世界各地的投资者购买所有者的通证来筹集资金。 DAO 投资人的通证类似公司制中投资人的股票，享有各自对涉及公司事务的	公司通过出售股票筹集资金。 由于公司股票的出售是以集中方式进行的，因此该过程受到严格监管。

续表

	DAO	公司制
筹集资金方式	项目和事项的投票权。目前由于几乎没有DAO相关的法律法规出台，因此不会被严格监管，但不能保证不会触犯证券法。	

综合对比DAO和公司制，我们不难发现：

从组织结构方面来讲，相对于公司制需要设置领导者、管理者和CEO的层级制，DAO是一个人人都有发言权的扁平化的公平组织。扁平化的好处是，其不是少数人拥有多数发言权。此外，与传统组织通过董事会会议等正式方式沟通相比，DAO的创建者可能会以非正式的方式讨论和规划组织的细节，利用Discord和Telegram组织对话，更加开放。

从协作效率方面来讲，由于没有领导者或管理层，所以成员们可以直接、快速地对某个重要决策做出决定，因此DAO的协作效率比公司制更高。公司的决策权通常授予董事会，这意味着与公司战略方向或员工福利等问题相关的决策由一个内部机构做出。DAO 并不像传统公司制由董事会做出决策，DAO 的规则和政策在运行伊始就已经设置完成，其运行规则一旦建立，便不再需要人为去管理，将决策权分散给 DAO 通证持有者。由于这些通证持有者是 DAO 的所有者，资本和劳动力之间的分工减少了，协作效率较高，而且从表面上看，所有权和控制权之间没有代理成本。

从信任问题方面来讲，相对于公司制使用纸质合同，DAO 将智能合约带到合作之中，创建者能够使用自执行代码自动执行其组织的条款，不仅优化了整个过程，还消除了各方之间的信任问题、人为错误和不良表现。

从凝聚力和创新力方面来讲，相对于公司制的代理关系，DAO 通证持有者以一种非层级的、“动态的工作关系集”为 DAO 做出贡献，许多 DAO 成员会很乐意做出贡献，因为他们被以下两种方式激励：持有 DAO 通证的经济激励，其价格上升对个人有直接的经济回报；向社区的其他成员发出信号，表明他们是 DAO 的贡献成员，这增加了他们的影响力，进而为个人在 DAO 中建立了声誉。这些关系围绕项目和结果持续动态地自我管理，组织成员为了共同的目标而工作，提高了成员的凝聚力和创新力。

DAO 存在的问题

目前，DAO 仍未发展成熟，即使我们在上文提到了 DAO 的诸多优势，但不可否认，它仍然面临一些问题。我们应该以开放的心态看待 DAO 的发展，并在发展过程中解决这些问题，这可能也是 DAO 未来发展的正确方式。

1. DAO 的法律地位和实践障碍

DAO 与当今的许多组织有相似之处，如公司、非营利组织、合伙企业（一般责任和有限责任）等，但这些组织都受其注册地的规则的监管和管辖。目前虽可以查到从法律角度提供一些关于如何对待 DAO 的见解，但较少在任何立法中找到术语“去中心化自治组织（DAO）”，这也意味着，目前法律尚未真正赋予其法律实体的地位。不过，公司制历经超过 100 年的发展才发展为成熟的体系并且也还存在一些弊端，因此，让我们给 DAO 多一点时间和空间。

DAO 被一些人建议作为法律实体。如果 DAO 内成员是为了营利而共同经营业务，那么组织很可能与合伙企业类似；如果并没有证据表明 DAO 内成员开展任何类型的营利业务，则相反。对于合伙企业来说，如果合伙人不知道从法律的角度来看他们被视为合伙企业，其自身可能会发现自己可能面临着对他们本不知道或他们认为他们本不应该负责的索赔、责任和损失。推而广之，如果 DAO 被视为是合伙企业，其成员是合伙人，那么与 DAO 进行交易的人可以根据合伙企业法规查看赋予他们的权利，并对 DAO 及其所有成员主张这些权利。

尽管目前 DAO 的法律地位缺失，但国外一些司法管辖区已经选择将 DAO 引入法律。例如，在美国，怀俄明州在 2021 年 7 月成为美国第一个合法承认 DAO 并授予其与有限责任公司相同的合法权利的州，为

DAO 的创建和管理提供了规则。特别条款允许公司完全由智能合约管理（全部或部分），还为 DAO 的形成、管理、投票权、成员权益、运营协议、成员退出和解散提供定义和基本准则。除此之外，太平洋岛国马绍尔群岛共和国在 2022 年 2 月正式修正《非营利实体法》，承认 DAO 为法律实体。

另外，也有一些人建议可以根据适用法律建立一个法人实体，例如，公司或非营利性社团，DAO 作为该法人实体的资产，因为如果这样做，法律地位的不确定性就会很小。例如，在美国特拉华州，通常会创建传统的特拉华州有限责任公司来持有资产并充当资金的受益人。然而，我们觉得这样做并不十分合适。首先，DAO 本身就是一个组织的概念，如果被划分为其他实体的资产，在概念上就有些混乱；其次，当前特定于法人实体的法律框架是否适合 DAO 的发展也是一个值得思考的问题。就目前而言，DAO 只能在加密生态系统的范围内自由运作，超出范围的尝试可能会导致其受到相关法律机构的严格审查。

我们还需要一些时间来验证智能合约是否足以替

代具有法律约束力的合约。除此之外，DAO 在与世界互动的方式上也面临实际障碍。作为加密原生实体，其受到加密世界与物理世界之间脱节的阻碍。迄今为止，究竟如何弥合这种脱节仍然是一个悬而未决的问题。

2. DAO 的法律监管问题

目前，不仅 DAO 的法律地位问题悬而未决，各地对 DAO 也尚且没有一致的监管框架，使其形成和运作面临各种法律挑战。由于其是非法人组织，许多 DAO 被视为合伙企业身份——这可能要求其成员承担无限连带责任并产生了其他各种法律问题。例如，许多传统企业实体必须遵守“AML（Anti - money laundering，反洗钱）/KYC（Know Your Customer，尽职审查）”原则。这些保障措施可确保公司实体仅与客户、通证持有者以及通过各种身份验证检查且洗钱风险较低的成员打交道。对于 DAO，成员个人通常是匿名的。因此，遵守“AML/KYC”原则是非常复杂的，这些障碍会阻碍 DAO 的发展。此外，由于 DAO 吸收来自世界各地的成员，因此，其受多地司法管辖法律制约。如果出现争议，确定适用哪个国家/地区的法律可能很困难，也很可能会导致长时间的法律纠纷。

3. 是否能做到真正去中心化?

到目前为止，基本所有的 DAO 在最初都是由一个核心开发团队或个人建立，这不可避免地赋予初创开发团队相当大的权力。通过做出治理结构和投票机制等基本决策，发起人实际上对如何决定 DAO 的方向和范围拥有专属控制权。

试想：鉴于早期创始人和投资者创建了 DAO 并投入了更多的时间和资源来孵化项目，他们是否有理由拥有更大的投票权和影响力？如果是这样，合理的比例是多少？如果没有赋予早期创始人和投资者更大的投票权和影响力，而你恰恰是早期创始人和投资者，你会做何感想？还会继续投入时间和精力吗？尽管这是几个中心化的问题，但却不容忽视且难以取得平衡。如果赋予早期创始人和投资者更多的权力，后来加入的社区成员可能会觉得他们的声音被少数成员淹没，从而质疑他们参与的价值；反之，早期创始人和投资者则会因为没有受到足够的“重视”而觉得参与感较低，热情骤减。例如，BAYC（Bored Ape Yacht Club，无聊猿猴游艇俱乐部）社区中反映了这一问题。虽然 BAYC 不是严格意义上的 DAO，但 BAYC 是一个大型的去中心化社区，由无聊猿 NFT 的所有者组成。这些 NFT 在社区中的功能类似于 DAO 的通证，拥有这些 NFT 的社区成员并不是其价值的唯一驱动力，相反，该项目的大部分价值来自启动该项目的一小群开发人员。这一小群创始人继续创建新的衍生项目，并与社区的其他成员一起建设，在此过程中增加了基础 NFT 的价值。虽然“无聊猿”肯定受益于其广泛的影响力和去中心化特质，但他们也从拥有一个核心团队掌舵中受益匪浅。由此可见，如何奖励和授权承担更大风险并提供更多资源的早期参与者，同时又不限制后期参与者发表意见在 DAO 的治理中至关重要。而且，相对于传统公司而言，DAO 的制衡机制可能更少，这可能会导致 DAO 成员以核心组织者小组为中心的小团队运作。这样一来，虽然 DAO 并没有以传统公司制的等级制度运作，但仍然难以保持去中心化。

4. 效率低下

DAO 的最大特点之一是去中心化，但去中心化通常会导致效率低下，从而阻碍 DAO 及时执行。由于 DAO 给每个人投票的权利，这意味着在投票过程中还需要给予成员们相当长的投票时间（包含时区因素）。决策过程的时间和资源的消耗可能使 DAO 更难与集中的等级公司制竞争，尤其是在新的、快速变化的开源技术市场中。虽然 DAO 将广泛的人群聚集在一起，但其主要困难之一是需要广泛的人群理解如何作为一个整体来组织、协调和沟通。

不过，任何事物都有适合它发展的土壤，DAO 也不例外。对于一些效率至上的业务，如外卖和快递等，暂时难以发现和 DAO 契合的发展点，那它们仍将按传统业务发展模式继续发展，如果有一天，它们被发现可以和 DAO 结合而发展得更好，则可以以新的方式发展。对于另外一些无须效率至上的业务，恰好又和 DAO 有契合的发展点，则可以尝试新的发展思路，试着实现对传统行业的弯道超车。

5. 税收问题

DAO 是否应该申报纳税或签署具有法律约束力的合同？虽然目前 DAO 尚不涉及税收问题，但这一趋势或许会在未来 DAO 发展到一定程度时改变，就像国内电商在蓬勃发展后需要被征收税款一样。DAO 将根据它最终落地的法律实体确定它将支付的税款类型。一些实体，如公司，在实体层面纳税；合伙企业则转嫁到个人层面支付；如果 DAO 的成员以为 DAO 服务而收取报酬，在未来，DAO 可以确定如何在向成员分发的报酬中扣缴个人所得税。

6. 基础设施薄弱问题

由于 DAO 是数字化和去中心化的，因此，其与传统机制相比缺乏高效的基础设施。例如，在报告、财务管理、治理、身份管理等方面缺乏合适的基础设施。如果没有合适的基础设施来处理这些职责，许多 DAO 可能会失去对成员的吸引力。不过，Web 3.0 空间中创新和协作速度的加快正在逐渐帮助解决在报告、治理等方面的一些问题。

7. 安全性问题

区块链的确具有安全性和不可篡改性，但在区块链上运行的智能合约由于容易受到攻击而并不具有相同的安全级别。近几年来，DAO 不断发展并已经取得巨大进步。然而，安全问题仍然存在，DAO 仍然面临许多安全挑战。例如，预言机（黑客可以利用虚假的价格错配进行交易以获取利润）、闪电贷（导致了闪电贷攻击的兴起）、抢先交易（在代表客户执行一个大订单之前，经纪人用个人账户购买一个证券以牟利）等问题。在此，我们主要根据 Fairyproof 研究介绍 DAO 的安全问题主要经历的三个阶段：智能合约、执行机制、治理规则或机制的设计。

第一阶段：智能合约中的安全问题。

在这个阶段，最广为人知的事件是 The DAO 的崩溃。此次安全问题产生的原因是由于智能合约的漏洞。

第二阶段：执行机制中的安全问题。

The DAO 事件之后，虽然人们对 DAO 的热情消退了，但仍有团队在这个领域努力工作，Maker DAO 背后的团队就是其中之一。Make DAO 一直运行良好，被视为最安全和最完善的项目之一。然而，加密市场在 2020 年 3 月 12 日经历了崩盘，而以太坊是 Maker DAO 中使用的最重要的抵押品之一，这种巨大变化引发了 Maker DAO 中以太坊的大规模清算，使 Maker DAO 遭受了巨大的价格损失，在当天就暴跌了 50%以上。这次清算很快造成了严重的链上交通堵塞。然而，由于 Maker DAO 从未经历过这种大规模清算，其清算机制的设计并没有足够的弹性来应对这种情况，反映出了其清算机制中的漏洞。从此以后，人们开始意识到 DAO 执行机制的设计有多么重要。

第三阶段：治理攻击。

治理攻击是指攻击者通过合法手段（如在公开市场上购买通证）或者不合法手段（如贿赂选票）等方式获得投票权，利用该投票权来操纵协议，为攻击者自身谋利，也可能扭曲投票的结果。在去中心化应用程序 Compound 发布其通证治理模式后，多数 DeFi 应用程序参照其发行通证模式，即发行的通证不仅用作治理通证，还用于奖励为协议提供流动性的人。在这种设计下，成员通过投票进行治理，任何持有项目治理通证的人都可以参与对提案的投票或提交提案。这种低门槛投票机制为恶意操纵者提供了破解项目的机会，并不可避免地带来了风险。与对智能合约的攻击相比，治理攻击还没有获得足够的认识。而大多数遭受治理攻击的项目并不是由于其智能合约中的漏洞，而是由于其治理规则或机制设计中的漏洞。

总的来看，解决治理攻击的思路大概分为三种：降低攻击价值、增加投票成本、增加执行攻击的成本。

8. 内幕交易

DAO 可能面临的另一个风险和传统股票市场类似，一些成员掌握尚未公开的信息并进行交易，即内幕交易。例如，2022 年 6 月，OpenSea 的前产品经理内特·查斯坦（Nate Chastain）被控内部交易。其当时负责筛选登上 OpenSea 网站主页上的 NFT，他提前购买了一批即将登上 OpenSea 主页的 NFT，后又以最初购买价格的 2—3 倍的价格出售。尽管这不是严格意义上 DAO 成员在获取内幕信息后进行交易的例子，但是 DAO 内很容易发生类似的行为，因为成员可以提前知道 DAO 将大量投资哪些资产，通过在 DAO 投资之前购入这些资产，他们可以从随后的价格上涨中赚取巨额利润。

9. 高昂的 Gas 费

Gas 费用于补偿使用计算能力验证加密交易的其他参与者。其以以太坊执行交易，用户必须支付“汽油费”以验证交易并将其存储在以太坊区块链上。Gas 费的价格根据供需情况波动。在需求旺盛时期，这种过高的成本可能会导致 DAO 的总体运营成本更高。

除此之外，加密货币作为 DAO 筹款方式的优点被许多去中心化区块链（如以太坊）内置的费用结构所削弱，即使 DAO 成员没有成功购买资产也要支付 Gas 费。宪法 DAO（Constitution DAO）的成员在参与竞拍 13 份美国《宪法》副本之一时，在竞拍失败的情况下获得退款时仍需支付总费用 3% 的 Gas 费，在当时约为 150 万美元。

10. 筹资安全问题

大多数的 DAO 都涉及筹集资金的问题，通过吸收加密货币作为 DAO 运营成本的行为在国外非常普遍，然而国内监管较严，容易被认定为非法活动。

第7章

展望未来——DAO亦有道

DAO 发展的前景

公司制自诞生以来以多种方式促进了商业的发展，对资本的锁定使得公司有权保留其资本，并可以更安全地进行长期投资。然而，将利益相关者、股东和管理者之间的竞争利益定性为委托代理关系，从某种程度上讲揭示了公司制固有的巨大成本。DAO 是基于代码和区块链的新型组织结构，承诺在数字和全球空间中建立新形式，有能力为实现真正的数字革命提供方式方法，释放 Web 3.0 潜力。目前，DAO 虽仍处于发展的早期阶段，但却被寄予众望，常常被认定为可能是取代当下公司制的治理方式。

从 DeFi、NFT 到 GameFi，去中心化世界对 Web 3.0 的期盼愈发热烈。DAO 可以作为投资和加速采用去中心化金融的直接途径，使用加密货币的 DAO 具有低成本和近乎即时的点对点交易的特征，并且这些交易不受传统金融机构规定的约束；NFT 发展势头迅猛，而 DAO 将使用户能够轻松地进入 Web 3.0。在 DAO 的帮助下，NFT 推动游戏产业的发展、促进虚拟活动繁荣、保护数字收藏品乃至启发元宇宙等多个领域都具有光明的发展前景；GameFi 产品在市场上的项目质量各不相同。NFT 和 GameFi 的完美结合使 GameFi 不止步在游戏领域，也许有一天我们会看到 GameFi 更具包容性，人们以游戏的方式管理金钱、储蓄和购物，让世界秩序也慢慢发生变化，而秩序反过来又进一步推动 DAO 的发展，使之拥有更清晰多元的未来。

目前，海外 DAO 发展相对自由且速度较快，出现了一些可以发布并治理 DAO 的平台，如 Juicebox、DAO Stack 等，预计未来还会有大批优秀的团队和产品。但是，自由发展也会带来一些违规的隐患，例如，美国证券交易委员会在 2017 年关于“The DAO”的调查报告中得出结论认为，The DAO 在没有适当注册的情况下将 DAO 通证作为“证券”出售，违反了多项联邦证券法规定。而在国内，DAO 发展滞缓，虽然并非所有筹资行为都必然构成违法犯罪，但因为国内对首次公开募币（Initial Coin Offering，ICO）行为的严格监管，让DAO组织筹集资金的行为容易被认定为涉嫌非法发行证券、非法集资、金融诈骗、传销等违法犯罪活动。例如，2022年我国互联网金融协会、银行业协会、证券业协会联合发布《关于防范NFT相关金融风险的倡议》，声称“坚决遏制NFT金融化证券化倾向，从严防范非法金融活动风险”。另外，2022年2月，我国最高人民法院发布《关于修改〈最高人民法院关于审理非法集资刑事案件具体应用法律若干问题的解释〉的决定》，修改完善了有关非法吸收公众存款罪、集资诈骗罪的定罪处罚标准，增加了网络借贷、虚拟币交易、融资租赁等新型非法吸收资金的行为方式，为依法惩治P2P、虚拟币交易、养老领域等非法集资犯罪提供依据。故而在合规层面，通过筹资发行通证作为治理通证的DAO在境内的合规显然会受制于境内加密货币的严监管政策，但从具体行为而言，未通过发行通证或NFT进行融资、在二级市场炒作，防范金融化风险的DAO，依然存在广泛的可能性。

以目前情况来看，未来在国内，DAO 的普及道阻且长。

DAO 是否可以取代传统组织形式

DAO 将有望成为所有专为最大限度去中心化而设计的项目中流行的管理模式，包括 Web 3.0、社交等，开发者与用户或许也都不得不面对由 DAO 治理带来的问题，DAO 的出现会给传统的社会经济模式带来巨大的改变。

一些持消极态度的人、持有守旧求稳思想的人不愿发生改变，也可能会认为 DAO 表面上的治理问题可能只是被不同的问题所取代。除此之外，也有一些人认为，DAO 决策通常不涉及现场讨论。但是，从理论上来讲，DAO 相比于传统公司制有着更为鲜明的优势，即使当前 DAO 正处于一个起步阶段。目前基本没有针对 DAO 的相关法律法规，一方面 DAO 组织的参与者没有法律保护；另一方面这也给予了 DAO 组织极大的自由。DAO的强大潜力也有目共睹，更多的人在不断探索新的道路，也许在未来的某一天，更加成熟的DAO的运作方式将被提出，并对现有的公司制治理模式产生颠覆式的冲击。

毋庸置疑，DAO拥有光明的未来，但是目前还没有为主流商业做好准备。这需要一些开拓者开拓适用于DAO的法律系统。另外，部署一个DAO还会有一些实践上的限制，区块链生态系统还没完全准备好与整个世界交互。并且，DAO与传统公司制并不是替代的关系，而可能是共存的关系。去中心化金融不会完全取代现有系统，去中心化应用程序也不会在短期内彻底改变互联网，扁平化组织也不会完全取代等级制。即使传统公司制已经暴露出很多问题，但目前来看它仍然是许多企业的首选，因为人们熟悉它并且可以依赖它，而DAO在现阶段对于许多人来讲甚至只是一个陌生的词。或许在将来，在人们熟悉DAO和深入了解DAO以后，可以按需确定是否利用DAO来开展业务。到那个时候，我们将看见，需要强监管的金融业务通过金融机构和银行办理，而在区块链上，也运行着安全有效地管理着大额资金并有很多成员数量的大规模的 DAO。

对未来的展望

事实上，没有完美的治理体系。DAO 并不是解决困扰社会数千年的所有治理问题的神奇解决方案，而只是一种以信任最小化方式治理的新工具，我们需要以正确的心态来看待它。并且，Web 3.0 为构建者提供了更灵活地试验治理系统的能力，并为用户提供了更符合他们自己的个人价值观和信仰的协议。DAO 和其他 Web 3.0 基础设施的发展是相辅相成的，它们就像共同拉着一辆车的几匹马，只有齐头并进才能走得更快更远。在 DAO 发展的过程中，人们的观点也会随着时间的推移而演变，治理方式也在不断改变以适应发展，在这个过程中，有些不合时宜的 DAO 会被淘汰，另一些 DAO 则会被筛选出来，蓬勃向前。与此同时，整个市场在发展的过程中将全面提高治理透明度并将信任最小化，同时仍然具有足够的动态性以与 Web 2.0 系统抗衡和竞争，呈现出涵盖面更广和涉及更多元化市场的 DAO。

第 8 章

DAO 的具体案例

Uniswap DAO

来源：https：//commons. wikimedia. org/wiki/File：Uniswap_Logo_and_Wordmark. svg

Uniswap 是 2018 年 11 月推出的基于以太坊代币交换协议的交易所，旨在实现 ETH 和 ERC20 代币数字资产之间的完全去中心化自动兑换。不同于传统的加密货币交易所，Uniswap 是一组部署在以太坊网络上的智能合约，整个过程都是在链上进行的，完全去中心化，致力于创造更高效的市场。

Uniswap DAO 推出了其治理通证——UNI，赋予社区在 Uniswap 的开发和运营中的投票权。UNI 持有者控制 Uniswap 社区治理、协议费用变更等方面，还可以为赠款、合作关系、流动性挖掘池和其他提案提供资金。如果 UNI 持有者想要改变 Uniswap 或引入新功能，则提交至少 25000 个 UNI 赞成票的提案才有资格进行进一步审议。

See DAO

来源：https：//beta. seedao. cc/

See DAO 成立于 2021 年 11 月 23 日，是一个 DAO 孵化器技术平台，为内容创作者和内容消费者探索新型生产关系和组织形式，目前是华人领域里影响力最大的 DAO 之一。其根植于 Web 3.0 的创作者，帮助将 Web 2.0 中的创作者引入到 Web 3.0 世界。标语为：“DAO it，Do it！”

目前 See DAO 已形成了涵盖开发、设计、产品、运营、宣传、翻译、艺术、建筑、投研、NFT Club在内的十个公会。

See DAO暂时还未发行通证，但其公布未来将施行双通证经济系统，预备发行10亿枚通证和10000个治理身份凭证NFT－See DAO Genesis NFT（简称SGN）。

Moon DAO

来源：https：//nftboard. today/moondao－raised－8－30m/

Moon DAO由密歇根大学的生物医学工程专业毕业的巴勃罗·蒙卡达·拉罗蒂斯（Pablo Moncada－Larrotiz）和牛津大学毕业的工程科学硕士科里·罗杰

斯（Kori Rogers）于2021年11月在Juicebox平台上发起，其目标是将一名普通人送入太空，并资助未来的太空研究、探索及火箭研发等项目。

近些年，随着商业航天模式的完善，有部分航天公司已经对公众打开了大门，其中，SpaceX、蓝色起源（Blue Origin）、维珍银河（Virgin Galactic）三家公司已经推出了太空旅游服务计划，但是到目前为止，只有特权阶层才能进入。Moon DAO 则致力于将普通人送入太空，无论其经济状况如何。目前，Moon DAO 已和蓝色起源达成合作。

在推进社区工作的过程中，成员们也在推动实现其他有意义的事情，如入股一家民用火箭公司、普及航天科学教育、参与更多公益性事业等。

Constitution DAO

来源：https：//it. cryptonews. com/news/with – over – usd – 40m – raised – new – dao – is – on – the – cusp – of – buying – us – constitution – it. htm

Constitution DAO 是由几个加密货币爱好者于 2021 年 11 月发起并成立的一个社区组织，旨在通过 DAO 的形式来募集资金，试图在苏富比拍卖会上拍得当前仅存的 13 份美国《宪法》副本之一。Constitution

DAO 被视为是加密世界第一次向现实世界发起挑战。

很多美国公民认为：该《宪法》应当重新交到民众手中，不应被富豪独自占有。Constitution DAO 在 7 天内筹集了 4700 万美元的以太坊加密货币。然而在苏富比拍卖会上，美国对冲基金经理、企业家和投资者肯·格里芬（Ken Griffin）最终以 4320 万美元的出价拍得该《宪法》副本。Constitution DAO 的组织者认为，如果他们出价高于 4320 万美元，将没有足够的剩余资金来保护和转移文物。因此，这场竞拍没能拍得该《宪法》副本，Constitution DAO 开启了退款通道，让捐助者可以选择通过 ETH 或 PEOPLE 代币来赎回他们的贡献（需要减去交易费用），并宣布所有权力交给社区，停止运营，这场载入史册的实验以竞拍失败告终。但非常有意思的是，Constitution DAO 并没有按照逻辑解散，现在依然运营良好。2022 年 12 月 7 日有消息称，Constitution DAO 宣布将再次参加苏富比美国《宪法》副本的拍卖，同时将吸取上次因公开资金总额而导致竞拍失败的教训，本次筹款方式将分为公开捐赠和私人捐赠两种，真可以说其将永不言弃的精神在 DAO 圈发扬光大。

City DAO

来源：https：//thecointimes. net/citydao – the – new – ethereum – blockchain – challenger/

City DAO 成立于 2021 年 7 月，其目标是建立一个区块链城市，探索去中心化的链上资产所有权的一个组织。在美国的怀俄明州赋予 DAO 具有合法地位后，该组织随即成立并在怀俄明州买下了一块 40 英亩的土地，这块土地位于怀俄明州西北部，黄石国家公园以东。该组织计划从这块土地开始，未来增加其他土地来建设这座由 DAO 管理的城市。

City DAO 允许社区成员管理这块土地，它还允许即时的土地转让，减少了法律复杂性的干扰。它还通过众筹的方式实现了所有权的民主化，并且城市管理的信息是开放、透明、可编程的数字记录。

City DAO 官网上展示了三种不同的 citizenNFT，三种 citizenNFT 都有投票权。第一种是普通的 citizen，总量为 10000 枚；第二种是创世 citizen，总量为 50 枚；第三种是第一 citizen，总供应为 1 枚。在获取土地 NFT 投放顺序上，第一 citizen 优先获取，创世 citizen 次之，普通 citizen 最后获取。

JuiceBox DAO

来源：https：//hackmd. io/@ zhape/townhall_FC27B

Juicebox DAO 是 Juicebox 项目方成立的 DAO，基于 Juicebox 平台搭建，用于资金管理和工资发放。也就是说，Juicebox 的通证经济模型由 Juicebox DAO 实现。Juicebox DAO 的通证为 JBX，目前采用无限增发模型，但其内在逻辑（Bonding Curve Rate 和 Discount Rate 的利用）使其不会因为增发而贬值。

Juicebox是基于以太坊上开放协议采用DAO的形式来进行项目募资的开源平台。Juicebox之于DAO，就像Opensea之于NFT。JuiceBox使得发布DAO变得容易。对于DAO的发起人来说，只需要填写一些必须项目信息，平台就会自动生成DAO，而不是从代码和搭建平台开始。具体而言，Juicebox作为一个发起DAO的平台，发起人通过它发起DAO并预先承诺项目所需资金及用途，用户通过它向自己看好的项目投资ETH并收到该项目的通证作为回报。从目前运营情况看，它已经吸引了数以百计的筹款项目，并出现了受到整个加密社区关注的Constitution DAO、Assange DAO、Moon DAO和Panda DAO等。

Decentraland DAO

来源：https：//twitter. com/decentraland/status/1371546606017863682?lang = zh – Hant

Decentraland DAO 是 Decentraland 虚拟世界中 MANA、NAMES 和 LAND 持有者的决策工具。通过 DAO 中的投票，社区可以发放赠款，并对被禁止的名称、催化剂节点列表等进行更改。DAO 还控制着 LAND 和 Estate（多个相邻的 Land 组成）智能合约。Decentraland DAO 拥有构成 Decentraland 的最重要的智能合约和资产——LAND 合约、Estates 合约、可穿戴设备、内容服务器和市场。它还拥有大量的 MANA 资金，使其能够真正自主，并资助整个 Decentraland 的各种运营和举措。

Pleasr DAO

来源：https：//techcrunch. com/tag/pleasrdao/

Pleasr DAO 是一个数字艺术品收藏 DAO，致力于收藏具有深刻文化意义的数字作品。Pleasr DAO 起源于一部分用户为了竞标购买艺术家 pplpleasr 为 UniSwap V3 所设计的预告片 NFT 项目《x * y = k》而形成的众筹组织。

随后，Pleasr DAO 还以 1696 ETH（当时约 550 万

美元）拍下了全网著名的 meme 表情 Doge NFT，并且基于这个 NFT 做了一个 NFT 共享尝试：将 NFT 拆分成上百亿个同质化通证，通过出售这些通证实现 NFT 的共享。

Pleasr DAO 还在不断做出新的尝试，甚至孵化新的 DAO。例如，2021 年末，Pleasr DAO 成立 FreeRoss DAO。

Friends With Benefits DAO（FWB DAO）

来源：https：//www.coindesk.com/layer2/culture-week/2021/12/16/whats-next-for-friends-with-benefits/

Friends With Benefits DAO 简称 FWB DAO，成立于 2020 年 9 月，是一个由艺术家、创作者、思想家和 Web 3.0 领导者组成的社区。起初它只是 Discord 上的一个聊天群，随着时间的推移，它形成了一个有上百个频道讨论话题的社区，每天都有大量关于艺术、音乐、游戏等多个领域的讨论，逐渐衍生成 DAO。

社区成员们创造了通证，加入 FWB DAO 采用严格的身份审核 + 门票制度（近 10000 美元）。FWB DAO 通过通证驱动组织，将志趣相投的成员联系在一起，能够激励成员参与创造一个更有价值的社区。成员可以在学习区、艺术区、创意区、交易区、生活区交流，有线上活动（Digital Events）和线下活动（IRL Events），享受美好时光，拓展人脉。

Mirror DAO

来源：https：//dao. mirror. xyz/

Mirror DAO是Mirror平台的一部分，根据其网站介绍，它的使命为“共同创造伟大的故事”。其所有成员都持有$WRITE代币，由DAO的其他成员授予Mirror上的顶级作家。Mirror DAO的组成分为普通成员（member）与贡献者（contributor）。核心贡献者主要负责DAO的运营和各种项目对接等工作；其余普通成员不参加日常工作，拥有讨论治理和社区投票的权利。

Mirror 在 2020 年由 a16z 前合伙人丹尼斯·纳扎罗夫（Denis Nazarov）创立，是一个比较成熟的去中心化媒体组织，已成为 DAO 的主流发布平台。其用户可以在区块链上创建一个专栏并启动众筹，将文章转化为 NFT，收集小费并在贡献者之间分配收益。Mirror 以为分布式协作提供强大的创作工具和能力被称为 Web 3.0 的 Medium（一个轻量级内容发行平台，允许单一用户或多人协作，将自己创作的内容以主题的形式结集为专辑，分享给用户进行消费和阅读）。

参考资料

1. MBA 智库 · 百科——《国际垄断》.

2. 肖锐. 公司制在中国的发展及有关问题浅议 [J]. 商业研究, 2001.

3. 汪诗雨. 英国东印度公司的公司治理制度研究 [J]. 法制与经济, 2016.

4. MBA 智库 · 百科——《国内垄断》、《法学大辞典》.

5. 王凯. 对现阶段我国公司治理的常见问题及应对方法分析 [J]. 江苏商论, 2016.

6. 百度百科.

7. 维基百科.

8. What Are DAOs And Why You Should Pay Atten-

tion [OL]. https: //www. forbes. com/sites/cathy-hackl/2021/06/01/what – are – daos – and – why – you – should – pay – attention/?sh =54a00a197305.

9. What Is A DAO And How Do They Work? [OL]. https: //consensys. net/blog/blockchain – explained/what – is – a – dao – and – how – do – they – work/.

10. What is Web 1.0、2.0、3.0 and How They Compare [OL]. https: //www. simplilearn. com/what – is – web – 1 – 0 – web – 2 – 0 – and – web – 3 – 0 – with – their – difference – article.

11. Blockchain facts: What is it, How it works, and how it can be sed? [OL]. https: //www. investopedia. com/terms/b/blockchain. asp.

12. What is Blockchain Technology? [OL]. https: //www. ibm. com/topics/what – is – blockchain.

13. The 8 Most Important Types of DAOs You Need to Know [OL]. https: //www. alchemy. com/blog/types – of – daos.

14. Know The Different Types Of Daos [OL]. ht-

tps：//101blockchains. com/types – of – dao/.

15. DAO vs Traditional Organization [OL]. https：//academy. moralis. io/blog/dao – vs – traditional – organization.

16. DAOs vs. Traditional Organizations [OL]. https：//unstoppabledomains. com/blog/daos – vs – traditional – organizations.

17. DAOs Vs. Traditional Organizations：A Detailed Comparison [OL]. https：//www. blockchain – council. org/dao/ daos – vs – traditional – organizations/.

18. When Should You Start a DAO Instead of a C Corp [OL]. https：//www. doola. com/blog/when – should – you – start – a – dao – instead – of – a – c – corp.

19. Should Your Next Company Be a DAO? [OL]. https：//www. coss. community/cossc/should – your – next – company – be – a – dao – 2o44.

20. The origin and development prospect of DAO [OL]. https：//coinyuppie. com/the – origin – and – development – prospect – of – dao/.

21. Re - envisioning corporations: How DAOs and blockchain can improve the way we organize [OL]. https://www.weforum.org/agenda/2022/02/re - envisioning - corporations - how - daos - and - blockchain - can - improve - the - way - we - organize/.

22. What Are The Advantages Of A DAO? [OL]. https://101blockchains.com/advantages - of - dao/.

23. The future is DAO: shining a spotlight on decentralized autonomous organizations [OL]. https://inc4.net/the - future - is - dao - shining - a - spotlight - on - decentralized - autonomous - organizations/.

24. How DAOs will transform the future of Web3 [OL]. https://venturebeat.com/datadecisionmakers/how - daos - will - transform - the - future - of - web3/.

25. THE PROBLEM WITH DAOS - 5 CHALLENGES TO CONSIDER BEFORE INVESTING A Sober View of DAOs: Intrinsic Risks and Hazards [OL]. https://www.signvm.io/post/the - problem - with - daos.

26. 5 Things to Consider When Creating a DAO

[OL]. https://www.jdsupra.com/legalnews/5-things-to-consider-when-creating-a-dao-5888423/.

27. DAOs and the Complexities of Web3 Governance [OL]. https://blog.chain.link/daos/.

28. Decentralised Autonomous Organisations and the Corporate Form [OL]. https://www.wgtn.ac.nz/_data/assets/pdf_file/0010/1877725/Undergrad-unpublished-article.pdf.

29. CitaDAO 房地产 NFT 比“现实”房地产更好的 5 个原因 [OL]. https://www.cngold.com.cn/202201106444734622.html.

30. DAO 除了协议、社交、媒体、服务之外还能发展哪个领域？[OL]. https://www.ccvalue.cn/article/1389686.html.

31. 解析 The Sandbox 土地估值：位置和大小为主要影响因素 [OL]. https://new.qq.com/rain/a/20220405A03HWD00.html.

32. 分布式自治组织（DAO）所面临的法律问题 [OL]. https://www.8btc.com/article/88401.

33. 斯坦福万字研讨：现有法律能否适应 DAO 的兴起［OL］. https：//www. 360kuai. com/pc/9788be8ac33d3a4c4?cota = 3&kuai_so = 1&sign = 360_57c3bbd1&refer_ scene = so_1.

34. 中国律界首家，大成拓荒元宇宙重构律所竞争新格局？［OL］. https：//finance. ifeng. com/c/8JLkGIK2SGe.

35. 元宇宙系列：探寻元宇宙的通行证 NFT［OL］. https://www. cngold. com. cn/20220511515 4819738. html.

36. 元宇宙和法律人的未来畅想［OL］. https：//view. inews. qq. com/k/20220113A091Q500?web_channel = wap&openApp = false.

37. 为什么元宇宙里的房地产市场正在蓬勃发展［OL］. https：//cn. org/agweforum. enda/2022/03/wei - shen - me - yuan - yu - zhou - li - de - fang - di - chan - shi - chang - zheng - zai - peng - bo - fa - zhan/.

38. 虚拟土地系列之：估值［OL］. https：//mp. weixin. qq. com/s?__biz = MzI5OTA4MTEwNQ == &mid = 2247485178&idx = 1&sn = 73e0a2a53ffceb4cd55c0eb56

fc09c79&chksm = ec9d4a04dbeac3124362503a955899ab 5870e201be5f434d63acb5c7be810ff6eb6f26dd8a24&scene =21#wechat_redirect.

39. How to create a DAO? [OL]. https://academy.binance.com/en/articles/how-to-create-a-dao.

40. How to start a DAO? [OL]. https://www.doola.com/blog/how-to-start-a-dao.

41. 深度解析DAO的7种常见投票机制 [OL]. https://zhuanlan.zhihu.com/p/456594882.

42. 2022年DAO趋势解读：DAO亦有道 [OL]. https://cj.sina.com.cn/articles/view/6311913111/17838269702001b1yh.

43. 信念投票：融入仿生动态模型的投票机制 [OL]. https://zhuanlan.zhihu.com/p/271972705.

44. Conviction Voting: A Novel Continuous Decision Making Alternative to Governance [OL]. https://medium.com/giveth/conviction-voting-a-novel-continuous-decision-making-alternative-to-governance-aa746cfb9475.

45. 如何快速建立一个 DAO？用 Aragon！［OL］. https：//new. qq. com/rain/a/20211229A0COCC00.

46. 可选用的 DAOs 投票机制汇总［OL］. https：//daorayaki. org/ke – xuan – yong – de – daostou – piao – ji – zhi – hui – zong/.

47. DAO Voting Mechanisms Explained［2022 Guide］［OL］. https：//limechain. tech/blog/dao – voting – mechanisms – explained – 2022 – guide/.

48. Popular Voting Mechanisms Used by DAOs［OL］. https：//www. code2. io/blog/web3 – dao – voting – mechanisms/#token – based – quorum – voting.

49. Finding a DAO Voting Protocol Fit for Purpose［OL］. https：//www. lifespan. io/topic/finding – a – dao – voting – protocol – fit – for – purpose/.

50. How to create a DAO［OL］. https：//documentation. aragon. org/products/aragon – client/how – to – create – a – dao – using – aragon – client.

51. How to create your own DAO with Aragon［OL］. https：//www. quicknode. com/guides/web3 – sdks/how –

to - create - your - own - dao - with - aragon.

52. 构建 DAO 必备工具：Snapshot [OL]. https：//zhuanlan. zhihu. com/p/444139064.

53. 去中心化治理工具 Snapshot 是什么？[OL]. https：//zhuanlan. zhihu. com/p/433924339.

54. 如何创建一个完美的 DAO [OL]. https：//www. theblockbeats. info/news/27409.

55. DAO 是什么，怎么创建一个 DAO？[OL]. https：//zhuanlan. zhihu. com/p/451858104.

56. DAO 与 token：在代币化视角下重新理解 DAO [OL]. https：//www. ccvalue. cn/article/1394702. html.

57. 一文读懂去中心化自治组织 DAO：发展现状、分析框架与未来趋势 [OL]. https：//www. ctocio. com/application/enterprise20/30055. html.

58. A new way to look at DAOs：Decentralized Autonomous Organizations（Film Industry）[OL]. https：//blog. cryptostars. is/a - new - way - to - look - at - daos - decentralized - autonomous - organizations - film - industry - 7fe7b66e5654?gi = 118098367047.

59. Are DAOs About to Revolutionize the Film and TV Industries?[OL]. https://www.etcentric.org/are-daos-about-to-revolutionize-the-film-and-tv-industries/.

60. Web3 Hollywood DAOs: Revolutionizing Decentralized Filmmaking [OL]. https://www.cryptohopper.com/blog/7764-web3-hollywood-daos-revolutionizing-decentralized-filmmaking.

61. https://venturebeat.com/datadecisionmakers/the-golden-age-of-indie-cinema-will-be-spelled-d-a-o/.

62. https://thehealthcareblog.com/blog/2022/01/19/daos-may-rescue-healthcare/?utm_campaign=THCB%20Reader&utm_medium=email&utm_source=Revue%20newsletter.

63. https://definitize.finance/blog/worlds-first-decentralized-autonomous-organization-dao-utilizing-defi-for-healthcare-launched/.

64. Decentralized autonomous organizations: Health

care in the metaverse [OL]. https://insurancenews-net.com/innarticle/decentralized-autonomous-organizations-health-care-in-the-metaverse.

65. DAOs Are the Future of Healthcare [OL]. https://www.the-yuan.com/300/DAOs-Are-the-Future-of-Healthcare.html.

66. https://www.gettingsmart.com/2022/09/19/what-can-decentralized-organizations-accomplish-in-education/.

67. EDU DAO: for Blockchain Training and Education Institutions [OL]. https://europeanblockchainassociation.org/edu-dao/.

68. What Can Decentralized Organizations Accomplish in Education? [OL]. https://www.gettingsmart.com/2022/09/19/what-can-decentralized-organizations-accomplish-in-education/.

69. Education is democratized through DAOs [OL]. https://home.kpmg/xx/en/home/insights/2022/04/education-is-democratized-through-daos.html.

70. The golden age of indie cinema will be spelled D – A – O [OL]. https://hackernoon.com/decentralized – autonomous – organization – the – future – of – management – f611830nv.

71. 19 条新思考：DAO 之于艺术，能实现什么？[OL]. https://www.8btc.com/article/6678246.

72. Application of DAO：DAO of Art [OL]. https://blocking.net/34101/application – of – dao – dao – of – art/.

73. DAOS IN THE ART WORLD [OL]. https://www.rightclicksave.com/article/daos – in – the – art – world.

74. Decentralized Autonomous Art – art in the blockchain foreshadows our future [OL]. https://www.here.com/learn/blog/decentralized – autonomous – art – blockchain.

75. Company Management Hierarchy [OL]. https://www.hierarchystructure.com/company – management – hierarchy/amp/.

76. How do you DAO? Can DAOs scale and other burning questions [OL]. https://cointelegraph.com/magazine/how-do-you-dao-can-daos-scale-burning-questions/.

77. What is Decentraland DAO? [OL]. https://dao.decentraland.org/en/.